BEGEGNUNG MIT DEM HORIZONT

PATAGONIEN

Patagonien war aber auch ein Land voll seltsamer wilder Tiere und Vögel. «Pen-gwyn» soll ein walisischer Ausdruck für «nicht fliegender Vogel» sein; einer abergläubischen Vorstellung von Seemännern aus Elisabethanischer Zeit zufolge verkörperten Eselspinguine die Seelen ihrer ertrunkenen Kameraden, und im siebzehnten Jahrhundert beschrieb sie Sir John Narborough während eines Aufenthalts in Puerto Deseado als «aufrecht stehend wie kleine Kinder in weißen Schürzen, die einander Gesellschaft leisten».

Bruce Chatwin / Paul Theroux, Wiedersehen mit Patagonien

Düstere, urweltliche Szenerie am Lago Perito Moreno, einem Seitenarm des Lago Argentino, vor den Eismassen des Perito-Moreno-Gletschers.

Ausläufer des Perito-Moreno-Gletschers auf dem Lago Argentino.

Der Perito-Moreno-Gletscher im letzten Abendlicht.

BEGEGNUNG MIT DEM HORIZONT

PATAGONIEN

Fotos Hubert Stadler

Text Susanne Asal

Bucher

INHALT

Eine ferne Welt, die einst die Phantasie der Seefahrer und Abenteurer beflügelte: Patagonien – noch heute ein Land der Träume.

Seite 1: Magellanpinguine bei Punta Tombo. – Links: Am Nordarm des Lago Argentino. – Mitte: Blick vom Tafelberg Mesa Colorado. – Oben: Versteinerter Baum im Monumento Natural José Ormachea.

Die Bosques Petrificados, eine wüstenhafte Erosionslandschaft, durchsetzt mit zahllosen Fragmenten vor Urzeiten versteinerter Wälder.

Am riesigen Gletschersee Lago Argentino bei Puerto Bandera.

DAS LAND DER VERHEISSUNG

Auf der Halbinsel Valdés, mit ihren flachen und sandigen Schelfküsten ein beliebter Tummelplatz für Seelöwen und See-Elefanten, die von weitem kaum von den verstreuten Uferfelsen zu unterscheiden sind.

DIE RIESEN MIT DEN GROSSEN FÜSSEN

Die erste Nachricht, die man in Europa vernahm, war, daß es dort Riesen gebe, die am Strand tanzten und sich Sand auf den Kopf streuten. Es gebe auch noch alles andere mögliche, Zwerge, Menschenfresser, Amazonen, aber eben auch Riesen, die eine Höhe von über drei Metern erreichten. Übereinstimmend erzählten das der portugiesische Weltmeerfahrer Fernando Magallanes im Jahr 1520, der spanische Kapitän Simón de Alcazaba y Sotomayor 1535 und der englische Seefahrer Thomas Cavendish dann im Jahr 1578. Eine seltsame und unbekannte Erde, auf die man da gestoßen war.

Die mittelalterliche Welt Europas schmolz gerade ihre Grenzen ein, die Wissenschaft schälte sich zögerlich aus ihrer alchimistischen Umklammerung, der Renaissancemensch emanzipierte sich aus dem dunklen Kämmerlein des verordneten gottergebenen Unwissens, da erblühten die Phantasien in den funkelndsten Projektionen. Es ist das Jahrhundert des Dr. Faustus, das frisch anbricht. Die Lust an der Welterschließung ist erwacht, Barrieren im Denken lockern sich, neue Wege werden beschritten; einige, wie die Inquisition, führen allerdings auch wieder zurück.

Die Zeit verlangte nach neuen Bildern. Der Stoff dafür stand seit Jahrhunderten bereit, denn Vorstellungen über unbekannte Welten gab es schon, bevor sich die ersten Europäer über das Meer gewagt hatten. Wo sollte das Atlantis des Platon zu finden sein, wo das Duhare des Pedro Martir de Angleria? Wo das Reich der roten Menschen des arabischen Geographen El Edrisi und wo die Insel Brasil, die unter genau diesem Namen im Medicäischen Atlas aus dem Jahr 1351 verzeichnet ist? Diese Erden mußte es geben, und die Zeit war reif, um sie zu suchen: Über dem Ozean, vorbei an den Säulen des Herkules, vorbei an Gibraltar und Abila, dort wurden sie vermutet, das hatten kühne Männer und Philosophen doch schon immer behauptet. Kartographen wie Martin Behaim aus Nürnberg und Martin Waldseemüller hatten ihre Lage geortet und aufgeschrieben. Und die ersten Seefahrer hatten es bewiesen.

Doch wie sollte man sich nun die Bewohner dieser fernen Länder vorstellen? Darüber verweigerten die Quellen deutlichere Auskünfte, so daß unsere Entdekker keinerlei wissenschaftliche Ausstattung mit über die Ozeane nahmen. Das, was sie erblickten, unterlag ihren eigenen Interpretationen. Konnten sie nicht entziffern, was sie tatsächlich sahen? Mit unbekümmertem Pinsel malte die Phantasie die unwahrscheinlichsten Gestalten in die andere Welt hinein, Fabelwesen ohne Hals, andere mit dem Kopf mitten auf dem Bauch, wie aus einem Gemälde von Hieronymus Bosch entstiegen.

Und so kam es auch zu den Riesen, die Patagonien seinen Namen gegeben hatten. «Patas grandes» – große

Fortsetzung Seite 20

Friedliches Miteinander der Seelöwen und See-Elefanten in der Reserva Faunística Punta Norte, wo sich die gewaltigen Meeressäugetiere bei Ebbe in den feuchten Sand der Strände eingraben. Vom Menschen wurden diese harmlosen Tiere jedoch nicht geschont, beide Arten sind von der Ausrottung bedroht.

Damit es den See-Elefanten an Land nicht zu warm wird, bewerfen sie sich mit dem feuchtkühlen Uferkies. Hier in der Caleta Valdés.

MERKWÜRDIGES PATAGONIEN

Berichte und Betrachtungen aus vier Jahrhunderten

Welch wundersame Welt ist da gesichtet worden: Riesen, mit schrecklicher Stimme, aber schön bemalt, in einem fernen Land, wie es ferner gar nicht sein kann, und wo es nichts gibt, rein gar nichts.

Gekleidet sind sie mit Fellen von einem Tier, das aussieht wie ein kleines Kamel. Und sehr reich sind sie auch einmal gewesen, doch diese goldene Epoche ist nun leider schon in die Geschichte versunken und läßt sich nicht wieder heraufbeschwören, obwohl man so hartnäckig danach geforscht hat.

Wenn man aus den verschiedensten Quellen schöpft, die Berichte von Seefahrern und Naturforschern, Tagebuchnotizen und schriftstellerische Phantasie so freigiebig liefern, wäre dies eine flüchtige Skizze von Patagonien. Die Essenz sozusagen – der pure Eigensinn.

Im folgenden sind einige Zitate zusammengestellt, die den Prozeß der Entdeckung, des Neu-Sehens und der literarischen Auswertung spiegeln:

»Zwei Monate vergingen, ohne daß wir einen Einwohner des Landes zu sehen bekamen, und allmählich zweifelten wir nicht mehr daran, daß wir uns in einem unbewohnten Lande befanden. Eines Tages jedoch erblickten wir zu unserem Erstaunen an der Küste einen Mann von Riesengröße, der unbekleidet tanzte und sang und sich dabei Sand über den Kopf warf. Unser Generalkapitän sandte sofort einen Matrosen an Land, nicht ohne ihm befohlen zu haben, diese Gebärde, ein Zeichen der Freundschaft und Friedfertigkeit, nachzuahmen. Magilianes irrte sich nicht, und der Riese begriff.

Dieser Mann war so groß, daß ihm der Kopf des Größten von uns nur bis zum Gürtel reichte. Er war schön gewachsen und besaß ein rot bemaltes Gesicht. Die Augen waren von einem gelben Kreis eingerahmt, und zwei herzförmige Flecken zierten die Wangen. Die wenigen Haare waren weiß gefärbt. Sein Mantel, aus Pelzwerk zusammengesetzt, stammte von einem Tier, das, wie wir später oft genug feststellen konnten, in diesem Lande in großen Scharen lebt.

Die Frauen sind nicht so groß, aber außergewöhnlich dick. Ihr Anblick versetzte uns in nicht geringe Verwunderung. Ihre herabhängenden Brüste sind über einen Fuß lang.«

»... sie gerieten in Wut, schnaubten, heulten, und riefen den Setebos, der ihre vornehmste Gottheit ist, um ihnen zu Hilfe zu kommen.«

Antonio Pigafetta, Biograph von Fernando Magallanes, Die erste Reise um die Erde 1519–1522.

»Dieses Land ist unbewohnbar.« *Simón de Alcazaba y Sotomayor, portugiesischer Seefahrer in spanischen Diensten, 17. Juni 1535.*

»Magellan hatte nicht so unrecht, die Eingeborenen dort Riesen zu nennen, denn sie unterscheiden sich grundsätzlich von dem gewohnten Menschenbild, sowohl in ihrer Gestalt, ihrer Größe, ihrer Körperstärke wie auch durch ihre abstoßenden Stimmen.

Sie sind jedoch nicht so ungeheuerlich groß oder riesig, wie berichtet worden ist, es gibt Engländer, die ebenso groß sind wie die größten ... Vielleicht hatten die Spanier ja nicht gedacht, daß je ein Engländer dort hinkommen und sie widerlegen würde und daß sie deshalb desto frecher lügen könnten. Die größten der besagten Pentaguren messen in voller Höhe fünf Ellen, d. h. siebeneinhalb Fuß (vielleicht ein wenig mehr).«

Sir Francis Drake – seine Reise um die Welt von Francis Fletcher und anderen, 1628.

»Während unseres Besuchs im Januar trafen wir am Kap Gregory mit den berühmten, sogenannten gigantischen Patagoniern zusammen, welche uns eine herzliche Aufnahme gewährten. Ihre Größe erscheint wegen ihrer großen Guanako-Mäntel, ihres langen wallenden Haares und ihrer ganzen Erscheinung bedeutender, als sie wirklich ist: Im Mittel beträgt ihre Größe ungefähr sechs Fuß, einige Männer sind kleiner und nur wenige größer; auch die Frauen sind groß; alles zusammengenommen sind sie sicher die größte Rasse, welche wir irgendwo gesehen haben. In ihrem Gesicht sind sie den weiter nördlich lebenden Indianern auf-

Links: Bildnis eines Patagoniers (José del Pozo, Museo Naval, Madrid). – Mitte: Landkarte von Mittel- und Südamerika aus dem 16. Jahrhundert (kolorierter Kupferstich von Theodor de Bry, Public Library, New York).

»In Patagonien lassen die monotonen Ebenen und die ausgedehnten niedrigen Berge, die umfassende, endlose Grauheit von allem, was einen umgibt, und die Abwesenheit tierischer Erscheinungsformen und der für das Auge neuen Dinge die Sinne empfänglich und frei dafür, die Na-

tur als ein ganzes wahrzunehmen. [...] Es erweckt den Eindruck von Vorzeit, von Verlassenheit, von ewigem Frieden, von einer Wüste, die seit uralten Zeiten Wüste ist und immer Wüste bleiben wird; und wir

wissen, daß seine einzigen menschlichen Bewohner einige wenige umherziehende Wilde sind, die vom Jagen leben, wie es ihre Vorfahren [...] getan haben.«
W. H. Hudson, Idle Days in Patagonia, 1893

Rechts oben: Porträt des englischen Weltumseglers James Cook (Nathaniel Danc, vor 1779, National Maritime Museum, Greenwich). Rechts unten: Charles Darwin (Aquarell von George Richmond, 1840, Down House, Kent).

fallend ähnlich, ihre Erscheinung ist aber wilder und furchtbarer, ihr Gesicht war stark mit Rot und Schwarz bemalt, und ein Mann, wie ein Feuerländer, mit Weiß geringelt und gefleckt. [...]
Endlich kamen wir mit den drei Riesen an Bord, welche mit dem Kapitän zu Mittag aßen und sich ganz wie gebildete Leute benahmen, Messer, Gabel und Löffel ganz ordentlich gebrauchend, an nichts ergötzten sie sich so sehr wie an Zucker. [...] Sie sind halb zivilisiert und auch entsprechend demoralisiert.«
Charles Darwin, Reise eines Naturforschers um die Welt, 1831, zuerst erschienen 1839.

»Sodann die fernen, wilden Meere, durch die er den Riesenleib wälzt wie eine schwimmende Insel, die unnennbaren und unentrinnbaren Gefahren, die dort lauern, dazu noch die tausend Wunder, die Patagonien für Auge und Ohr bereithält, all dies bestimmte mich, dem Drang des Herzens endlich zu willfahren.«
Herman Melville, Moby Dick, 1896.

Füße – soll der Portugiese in königlich-spanischen Diensten, Fernando Magallanes, ausgerufen haben, als er zum ersten Mal Fußspuren der Einheimischen erblickte. (Nach einer anderen Deutung von Lida de Malkiel aus dem Jahr 1952 ist ein Ungeheuer namens «Patagon» für die Namensgebung zuständig.) Antonio Pigafetta, Sohn einer Patrizierfamilie aus Vicenza, der im letzten Augenblick von dem spanischen Kaiser Karl die Genehmigung erhalten hatte, Magallanes zu begleiten, trägt über die erste Begegnung mit einem dieser Unbekannten in sein Tagebuch ein: «Dieser Mann war so groß, daß ihm der Kopf des Größten von uns nur bis zum Gürtel reichte … Die Frauen sind nicht so groß, aber außergewöhnlich dick.» (Siehe auch Seite 18.) Es ist März 1520, und Magallanes hat an der Stelle Anker werfen lassen, wo sich heute der Ort Puerto San Julián in der Provinz Santa Cruz befindet, in einer weiten, öden, von Steinen bedeckten Bucht. Damit begann der Teil der Geschichte Patagoniens, der zugleich auch eine Geschichte Europas ist, denn Patagonien wird zum Spiegel des Abendlandes, zur Wunschvorstellung, zur Verheißung. Und das ist es bis heute geblieben.

See-Elefanten auf der Halbinsel Valdés. Die massigen Tiere, die in großen Herden leben, gehören zur Familie der Seehunde und zählen mit einer Länge von bis zu sechs Metern und einem Gewicht von bis zu vier Tonnen zu den mächtigsten Säugetieren der Welt.

CÄSARENSTÄDTE IN DER WILDNIS

Die indianische Kultur blieb blaß in dem Teil Patagoniens, der später der argentinische werden sollte. Die einheimischen Tehuelche besaßen als Nomadenvolk nur wenig greifbares Material ihrer Vergangenheit, und so groß waren sie gar nicht, wie man mittlerweile weiß, ungefähr 1,80 Meter. Magallanes hatte beabsichtigt, zwei dieser Männer nach Europa an den spanischen Königshof zu entführen; dort hätten sich die Legenden dann vermutlich rasch aufgelöst, doch der unglückliche Ausgang seiner Expedition verhinderte dies, und so geisterten «die Riesen» weiterhin in den Köpfen der Europäer herum. Die Literatur nahm sich ebenfalls gerne dieses geheimnisvollen Fundus an. Das Vorbild des wilden Caliban in Shakespeares «Sturm» beispielsweise soll ein Patagonier gewesen sein, eine krude Fassung eines Naturburschen als Gegenentwurf zur machtbesessenen höfischen Lebenswelt.

Als der Naturforscher Antoine de Bougainville Patagonien im 18. Jahrhundert besuchte, waren die Fabelwesen auch schon von drei auf zwei Meter zusammengesurrt wie ein überspanntes Gummi. Kein Wunder – zu diesem Zeitpunkt hatten sich die überschwenglichen Phantasien schon abgeschliffen an dem harten Geschäft des Kolonisierens, und man betrachtete die Menschen der neuen Kontinente in einem realistischeren Licht.

Fortan wird zweigleisig verfahren, denn ganz aufgeben wollte Europa sein Traumfutter auch nicht, und so hielt sich bis ins späte 18. Jahrhundert hinein die

Gutmütige und beliebte Tiere, die aber wegen ihrer Felle dennoch schonungslos gejagt wurden: See-Elefanten in der Caleta Valdés, dem geschützten Haff im Osten der gleichnamigen Halbinsel, und in der Reserva Faunística Punta Delgada.

Legende von den Cäsarenstädten in Patagonien. Auch sie hatte einen historischen Hintergrund: Eine Expedition unter Francisco César drang 1526 bis in die Gegend des heutigen Córdoba in Argentinien vor, wo man von dem Inka-Reich hörte, das einige Jahre später Francisco Pizarro erobern sollte. Von vergoldeten Cäsarenstädten war danach immer wieder die Rede, doch niemand identifizierte sie als Städte des Tupac Amaru.

Die Legende erlaubte die schönsten Phantasien. «Die Cäsaren leben in Steinhäusern. Sie gehen bekleidet und bedienen sich silberner und goldener Eßgeräte», erzählt beispielsweise Juan Ramírez de Velazco 1586. Gewaltige Steinbauten mit andalusischen Patios und der Wappenkrone Leons und Aragons über dem Stadteingang haben sie, und die weißhäutigen, bärtigen Menschen trügen Diademe aus Smaragden im langen Haar, meint hingegen Ignacio Pinuer zu wissen und verfaßt 1774 einen entsprechenden Bericht an den spanischen König.

Doch Pinuer hatte die Rechnung ohne den britischen Jesuiten Thomas Falkner gemacht, der in seiner «Beschreibung Patagoniens» aus demselben Jahr überhaupt keine Anzeichen einer spanischen Kolonisierung ausgemacht haben will, statt dessen aber Indianer, die so groß seien, «daß sie nicht reiten können, sondern zu Fuß gehen müssen». Diesen Fabeln saß dann tatsächlich der ansonsten eher besonnene Reisende George Chaworth Musters im Jahr 1871 auf, der behauptete, in Patagonien gewaltige Donnerschläge vernommen zu haben und dann entführt und mit verbundenen Augen in eine reiche Stadt gebracht worden zu sein.

Tatsächlich hat es Siedler gegeben, die im Auftrag des spanischen Königs Philipp II. im späten 16. Jahrhundert in die unwegsamen Gebiete Patagoniens verschleppt worden waren: zum Cabo de Virgenes in der heutigen Provinz Santa Cruz und nach Chile bei Punta Arenas. Denn nachdem der britische Korsar Sir Francis Drake 1578 die spanischen Besitzungen an der südamerikanischen Westküste geplündert hatte, war man im «Mutterland» auf die Idee gekommen, die Ansprüche auf den Kontinent einfach von ein paar armen Siedlern verteidigen zu lassen. Die allerdings hatten keine Ahnung, wie sie dem der Heimaterde so unähnlichen Boden eine Lebensgrundlage abringen könnten. Daß dort unterhalb des Río Colorado, jenseits der Grenze zu der sich etablierten europäischen Kolonie um Buenos Aires und Córdoba, ein goldener Schatz seiner Hebung harrte, diese Vorstellung konnte man später nur noch mit einem müden Lächeln quittieren. Zunächst nahm man nur die dort ansässigen Stämme wahr, die sich in Tierfell kleideten und in Zelten wohnten. Ihre Lebensweise entbehrte jeglicher Pracht. Das einzige, was es im Überfluß gab, waren Wind, Wolken, aufgetürmte Steine – eine Erfahrung von Unendlichkeit. Und sonst nichts.

Ein einziges, großes Tierparadies ist die Halbinsel Valdés, Refugium mancher von Ausrottung bedrohter Arten. Die Küste von Puerto Pirámides mit ihren flachen Uferbänken unterhalb einer schützenden Steilküste bildet einen idealen Lebensraum für Seelöwen und See-Elefanten.

ROTER SCHLAMM STATT SILBERLAND

Die erhitzten Entdeckerträume von der zerstörerischen Suche nach Gold hatten sich also abgekühlt. Argentinien hatte sich mitnichten als das «silberne Land» herausgestellt, und im Río de la Plata schwamm nun schon gar kein Edelmetall umher, sondern nur roter Schlamm. Einzig die fruchtbare Pampa (*pampa húmeda*) um Buenos Aires weckte Neugier, denn dort gedieh das aus der spanischen Heimat importierte Vieh in reichem Maße. Dieses Land mußte gegen die Landesherren, die *querandí*, verteidigt werden.

Das wilde Patagonien unterhalb des Río Colorado wurde zum Land der Außenseiter; es diente neben den Tehuelche bald den Gauchos als Heimat. Sie waren Mestizen, Söhne von spanischen Kolonisten mit indianischen Frauen, die sich den sozialen Grenzen der streng hierarchisch organisierten Macht in den städtischen Zentren entzogen in der Gewißheit, daß es dort für sie nicht viel zu erringen gab. Wer dort etwas galt, war von blütenweißer Hautfarbe und von ritterlicher Herkunft, auch wenn letztere gekauft gewesen sein mag. Die Gauchos übernahmen die nomadisierende Lebensweise der Indianer und deren Jagdgewohnheiten und pflegten Unabhängigkeit von Besitz und persönlichen Bindungen. Ein Mythos wird geboren: Mit dem Gaucho entsteht auch der Begriff vom Süden als einem besonderen Land, in dessen unermeßlichen Weiten die Freiheit erblüht. Dieser Mythos hat sich bis auf den heutigen Tag gehalten, selbst wenn seine ursprünglichen Bewohner nicht überlebt haben, um davon zu erzählen (siehe auch Seite 36). Auch die Grenze, *la frontera*, hat in diesem Mythos ihren Platz. Der Río Colorado wird zu einer magischen Linie, hinter der die Wildheit beginnt. Und erneut wachsen in Europa die Phantasien. So träumte sich der französische Rechtsanwalt Orélie-Antoine de Tounens aus Périgueux im Jahr 1859 ein Königreich zusammen, welches ihn zum Herrn über die tapferen Araukaner machen sollte. Angefeuert von einem Epos des Spaniers Alonso de Ercilla über dieses Volk und inspiriert von der europäischen Idee des «edlen Wilden», landete er in Coquimbo im nördlichen Chile und begann, Verhandlungen mit seinen zukünftigen Untertanen aufzunehmen. Er benannte Minister und arbeitete eine Verfassung aus, doch fand er damit weder in Chile noch in Frankreich Gefallen. Nach einer erzwungenen Rückkehr versuchte der «König von Patagonien» noch zweimal erfolglos, die argentinische Grenze zu überwinden, und endete schließlich als Gaslaternenanzünder in Toutoirac.

Die Halbinsel Valdés mit ihrer wüstenhaft kargen, einsamen Steilküste. Im Vordergrund Puerto Pirámides, ein kleiner Hafenort am Ende der schmalen Landzunge, die die Halbinsel mit dem Festland verbindet.

«HIGH TEA» IN PATAGONIEN

Patagonien hat es seinen Bewohnern nie leicht gemacht. Es ist unwirtlich und windig, seinen mageren Böden entlockt nur die geduldigste und erfinderischste Hand ein bißchen Blühen. Durch seine Lage auf der Südhalbkugel und seine Abschirmung durch die Anden, die in nordsüdlicher Richtung eine durchgezogene Schranke bilden, hat es ein wüstenähnliches Klima. Nur wenigen Flußsystemen gelingt es, die harten Schichtstufen und weitgespannten Hochebenen (*mesetas*) zu durchfurchen.

Geeignete Anbau- und Weideflächen verteilen sich im Norden entlang den Flüssen, am Río Limay und Colorado, am Río Negro und, in geringerem Ausmaß, am Río Chubut, sowie am seen- und waldreichen Saum der Anden. Der große Süden ist kaum bewohnt und kaum bewohnbar, baumlos, verstraucht, versteppt. Er ist so windig, daß walisische Damen – die ersten europäischen Siedlerinnen der Gegend um Puerto Madryn 1853 – erst einmal ihre Krinolinengarderobe aussortierten, als sie angekommen waren, damit sie in ihren kugelig gebauschten Röcken nicht glatt hinweggefegt wurden. Das jedenfalls erzählt Lilli Patterson vom Museum in Trelew und kramt die entsprechenden Fotos hervor zur besseren Illustration.

Die walisischen Siedler – *los galeses*, wie sie die Argentinier nennen – bildeten den Vortrupp der sogenannten Zivilisation (siehe auch Seite 41). Auf einem Gebiet von grobgeschätzt 787 300 Quadratkilometern mit der größten Längsausdehnung von 1774 und der größten Breitenausdehnung von 821 Kilometern lebten 10 000 bis 12 000 Tehuelche und 20 000 Araukaner, erstere durch das gesamte Ostpatagonien nomadisierend, letztere seßhaft, Apfelbäume kultivierend und sehr kriegerisch. Es gibt mit Carmen de Patagones am Río Negro seit 1779 eine spanische Siedlung, die als Strafkolonie genutzt wird und den britischen Kolonialgelüsten im Cono Sur ein Signal setzen soll, daß sie hier nichts zu suchen haben. Außerdem ist sie Kontaktstelle zu den nordpatagonischen Indianerstämmen, die «Befriedungstribute» in Form von Rinderherden, Pferden und Alkohol erhalten. Des weiteren betreibt auf der Flußinsel Pavón im Río Gallegos im äußersten Südosten ein Argentinier namens Luis Piedra Buena etwas Viehzucht und Handel mit Indianern. Das chilenische Punta Arenas im Südwesten ist ebenfalls Gefangenenlager mit ein paar hundert Einwohnern.

Das ist alles. Mehr Menschen wohnen hier nicht. Und eine klar definierte Grenze zwischen Argentinien und Chile existiert auch nicht. Mitte des letzten Jahrhunderts

KINDER-GEBURTSTAG AUF PUNTA TOMBO

Die Tierkolonien an der Atlantikküste

Das Männchen treibt das Weibchen schreiend in die Fluten, das Weibchen paddelt hilfesuchend umher, das Männchen isoliert es immer weiter vom Strand: Die Entführung ist gelungen.
Immer wieder zur Paarungszeit ereignen sich solche dramatischen Szenen in den Kolonien der gigantischen See-Elefanten auf der Halbinsel Valdés, wenn die Junggesellen den Harem der Könige zu plündern versuchen, um endlich auch einmal in den Genuß zu kommen.
In der so menschenleeren patagonischen Provinz Chubut befinden sich zwei Tierreservate, die international einen hohen Ruf genießen: Die Halbinsel Valdés in der Nähe von Puerto Madryn und Punta Tombo südlich von Trelew. Der Weg dorthin erscheint für Privatreisende äußerst beschwerlich, denn es gibt keine öffentliche Beförderung, und die schlecht ausgebauten Straßen kosten Nerven: Schotter, Sand, Kies. Mit steigenden Touristenzahlen ist jedoch auch das Interesse an den Naturreservaten gewachsen, und heute besteht von Puerto Madryn und von Trelew aus die Möglichkeit, bei Reisebüros Tagestouren zu buchen. Das ist auch sinnvoll, ungeregelte Besucherströme könnten das Leben in den Reservaten nur schädigen.
Die axtförmige Península Valdés bietet ein umfangreiches Programm. Bevor das seltsame Gebilde aus sand- und ockerfarbenen Gesteinsschichten erreicht ist, passiert man auf der Landenge die Isla de los Pájaros (Vogelinsel), Lebensraum für 30 000 Flamingos, Kormorane, Delphinmöwen und Seeschwalben, die sich hier zum Brüten und Paaren einfinden.
Sie ist von einem strauchartigen Gewächs, *jume*, überzogen, welches, so nah am Meer, ideale Brutbedingungen stellt. Bei Ebbe bietet der Boden reichlich Nahrung, vor allem kleine Muscheln und Algen.
Die Vogelinsel darf seit einigen Jahren nicht mehr betreten werden, da sich die Besucher den brütenden Vögeln zu unvorsichtig genähert hatten. Beobachtet wird jetzt nur noch aus der sicheren Distanz: Gegenüber den Brutplätzen sind auf einer Plattform mehrere Fernrohre aufgebaut.
Die Península Valdés selbst verfügt über die 1974 gegründete Reserva Faunística Puerto Pirámides in der Nähe des gleichnamigen Ortes auf der Insel, einem Paarungsplatz von rund 1500 Seelöwen, den man von einer Art natürlichem Felsbalkon aus beobachten kann.
73 Kilometer nördlich von Puerto Pirámides liegt die Reserva Faunística Punta Norte. Ihre Bedeutung als einer der wenigen kontinentalen Brutplätze von See-Elefanten rückt immer mehr ins Blickfeld von Naturschützern, die das steigende Zuschauerinteresse recht argwöhnisch verfolgen, schließlich kommen hier jährlich etwa 13 000 Tiere zusammen, um ihre Jungen auf die Welt zu bringen.
Die attraktive, langgezogene Caleta Valdés im Nordosten der Halbinsel trennt den Atlantik von einer malerischen Lagune, beide sind mit interessantem Tierleben erfüllt: Seelöwen und See-Elefanten sowie Pinguine am Wasser, Guanakos und Nandús im Inneren.
Die Reserva Faunística Punta Delgada im Südosten der Halbinsel Valdés wiederum ist für ihre großen Seelöwen- und See-Elefantenkolonien berühmt.
Punta Tombo ist auch wegen seines Reichtums an Möwen, chilenischen Enten, Kormoranen, Austernfischern interessant, doch die zahlenmäßig größte Bevölkerungsgruppe stellen die Pinguine dar. Sie stehen da wie höfliche Kinder bei einem Kindergeburtstag, hat Bruce Chatwin über die Pinguinkolonien befunden.
Punta Tombo mit seinen – zu Hochzeiten geschätzten – fünf Millionen Pinguinen liefert da reichlich Anschauungsmaterial. Die Bewachsung der klippenreichen Atlantikküste bietet ideale Nistplätze, die Kolonie zieht sich mehrere hundert Meter ins Land hinein. Auf markierten Wegen kann man zwischen den unbeeindruckten Tieren umherspazieren.

Susanne Asal

Impressionen aus der vielfältigen Tierwelt der Halbinsel Valdés: Seelöwe (oben), ein Nandú, der südamerikanische Strauß, der auch Pampa-Strauß genannt wird, (Mitte) und Guanakos, eine Lama-Art (unten).

Magellanpinguine in den Pinguinkolonien Punta Tombo und Camarones. An Land bewegen sich diese bizarren Tiere, sonst ausgesprochen geschickte Schwimmvögel, recht schwerfällig. Dennoch verlassen sie jeden Herbst in Scharen ihr eigentliches Element, das Meer, da sie ihre Jungen an Land zur Welt bringen. Pinguine sind ausgesprochen gesellige Tiere, die gegenüber ihren Partnern und den Jungtieren eine ausgeprägte Fürsorglichkeit an den Tag legen.

Kleine Ansiedlung bei Bariloche. Paul Theroux schrieb über dieses Land: »In Patagonien muß man zwischen dem Winzigen und dem Weiten wählen.«

ist Patagonien noch nicht wesentlich weiter entwickelt als zu Lebzeiten Magallanes: ein offenes Buch mit blanken Seiten, groß und leer. Doch als die argentinische Regierung Raubzüge der Pampa-Indianer und der Araukaner zum Anlaß nimmt, zum vernichtenden Schlag gegen die unbequeme Urbevölkerung auszuholen, bedeutet dies den Beginn eines neuen Kapitels in der Geschichte Patagoniens.

Die sogenannte *Campaña del Desierto*, die in den Jahren von 1877 bis 1879 unter dem damaligen Innenminister Julio Argentino Roca stattfand, verstand sich als Strafexpedition und endgültige «Domestizierung» der Indianervölker. Mit dem Schlagwort *«Gobernar es poblar»* des Schriftstellers Juan Bautista Alberdi war eine Politik beschrieben, die Bartolomé Mitre, erster gewählter Präsident Argentiniens 1862, in die Wege leitet: «Regieren heißt bevölkern». Und bevölkert werden sollte Argentiniens Süden.

Für die indianischen Stämme gab es in diesem Konzept keinen Platz mehr, die Überlebenden des Wüstenfeldzuges wurden in Reservate zusammengepreßt, um das Land freizuräumen. Und wer kam? Die Waliser, die übrigens eine friedliche Nachbarschaft zu ihren indianischen Nachbarn pflegten, hatten bislang konkurrenzlos kolonisiert. Gaiman, 19 Kilometer von Trelew entfernt, einer ebenfalls walisischen Gründung, liegt inmitten einer gartenähnlichen Natur. Obstbäume, Getreide- und Kartoffelfelder umgeben das von Pappeln geschmückte kleine Örtchen, das hier und da noch genügend Spuren harter Arbeit sehen läßt, um nicht gänzlich auszusehen wie eine idyllische Filmkulisse.

Im Grunde besteht Gaiman aus zwei Straßen: die eine führt hinauf und die andere wieder hinunter, und in der Mitte befindet sich ein Platz. Früchtehecken rahmen stachlig die niedrigen, kleinen Anwesen ein, es gibt geharkte Wege zwischen liebevoll angelegten Blumenrabatten, und der ganze Ort ist still und wartet. Gaiman hat sich in den Ausflugsprogrammen der argentinischen Reiseveranstalter einen Stammplatz erobert: Erst fährt man die Kundschaft zu den Walen, See-Elefanten und Seelöwen auf die Halbinsel Valdés, und dann zu den *galeses*, um den Tee zu trinken. Dementsprechend gefegt hat es auszusehen.

In niedlich ausstaffierten, kleinen Häusern wird der *té galés* serviert, der walisische *high tea*, und weil das alles so gar nicht zu Argentinien passen will und zu der rauhen patagonischen Umgebung, empfindet man eine solche Zeremonie als sehenswert. Hier versichern sich die Argentinier, daß ihre Vorfahren wirklich aus Europa stammen und nicht etwa in den steinigen Wüsten der Umgebung Pfeilspitzen bastelten. Man sitzt wie im Wohnzimmer einer mittelbetuchten Kleinbauernfamilie, ißt belegte Brote und selbstgemachte Marmelade, und

Blick vom Cerro Catedral (2388 m), dem nicht weit von Bariloche entfernten Mittelpunkt eines riesigen Skigebietes mit Abfahrten in allen Schwierigkeitsgraden.

Nördlich von Bariloche passiert man das Valle Encantado – das verzauberte Tal – mit seinen zierlichen Felsnadeln und Türmen, besonders eindrucksvoll und fremdartig im aufsteigenden Nebel.

Blick über die flachen, weiten Schneeabhänge des Cerro Catedral auf den Lago Nahuel Huapí vor der dunklen Silhouette der fernen Andenausläufer.

Die vom Sturm aufgewühlten Gewässer des Lago Huelchulaufquen unterhalb des schneebedeckten Vulkans Lanín, der mit seiner Höhe von 3776 Metern alle umliegenden Gipfel überragt.

Das Hotel Llao Llao am Lago Nahuel Huapí inmitten des gleichnamigen Nationalparks, ein Gebiet, das wegen seiner bewaldeten Berglandschaften auch als die argentinische Schweiz bezeichnet wird.

Am Nordufer des Lago Mascardi, südlich von Bariloche. Düster und majestätisch wirkt die wuchtige Berglandschaft mit dem bleigrauen See unter den tiefhängenden Wolken des Abendhimmels, der vom letzten, rötlichen Sonnenlicht gerade noch etwas aufgehellt wird.

die früh gealterte Hausfrau dreht mit ihrer Kittelschürze und der dampfenden Teekanne die Runde zwischen den rustikal gedeckten Tischen.

In einem kleinen Museum wird die Erinnerung gepflegt; auf Spitzendeckchen ausgebreitet finden sich die bescheidenen Toilettenartikel der Damen der ersten Stunde, daneben sind Fotografien zu sehen, Möbel, Bilder, gestickte walisische Landschaften, Ackergerät. Draußen, wieder auf der Straße, macht die Zierlichkeit der Anwesen irgendwie Sinn. Zwischen den schuttbedeckten Weiten unter dem endlosen Himmel und den flachgezogenen Wolken schart man sich gern umeinander, braucht man offenbar einen Kontrast.

Nachdem die walisischen Siedler das staubige, windige Puerto Madryn verlassen hatten, um sich in Trelew und Rawson städtische Zentren zu bauen und in Dolavon und Gaiman einzurichten, forschten sie nach einer Erweiterung ihres Lebensraums, der durch den ständigen Zustrom neuer Einwanderer erforderlich geworden war, denn bis in unser Jahrhundert hinein träumten immer mehr den Traum vom «hacerse América», davon, das Glück in Amerika zu machen. Die herumstreifenden Indianer sagten, daß sich am Andenfluß fruchtbares Land befände.

So machte sich im Oktober 1885 eine Expedition unter der Leitung des Gouverneurs des damaligen Territoriums Chubuts, Luis José Fontana, mit 260 Pferden und 29 Männern, darunter auch zwei Deutschen, auf den oftmals beschwerlichen Weg durch die Steppe. Nach etwa 650 Kilometern steiniger Landschaft war schließlich das Ziel gefunden; der erspähte Platz in einer hübschen Seen- und Waldlandschaft am Fuße der Anden konnte günstiger nicht sein.

1886 wurde die Kolonie «Valle de 16 Octubre» gegründet, 50 Kolonisten erhielten je 2500 Hektar Land zugesprochen. Aus der Kolonie kristallisierte sich Trevelín als dörfliches Zentrum heraus.

Dieser Expedition haften fast magische Geschichten an, ähnlich wie dem Auszug ins gelobte Land – beispielsweise die von der wundersamen Rettung eines Mannes, der in der Dunkelheit einen Steilabhang nicht wahrnahm und nur durch die göttliche Intuition seines Pferdes gerettet wurde, von Überfällen wilder Tiere, der *tigres*, wie man hier die Pumas nennt, denen ein kleiner Junge trotzte. Nain Maggie, eine alte Dame, die erst kürzlich gestorben ist, hat das alles noch erlebt, sagt man in Trevelín.

Trevelín, das von dem Koloniebereich umfaßt wird, ist weniger idyllisch aufbereitet als Gaiman. Sicher kann man auch in diesem Ort den *té galés* haben, aber die Anfrage stößt auf ein Schmunzeln, es läuft auch niemand in der Kittelschürze umher, und auch gestickte Gardinen findet man hier nur vereinzelt.

HIMMEL, WIND UND WOLKEN

Der Himmel war vielleicht das erste, was den europäischen Einwanderern ins Auge fiel, die zu Tausenden zum Ende des letzten Jahrhunderts den Sprung über den großen Teich gewagt hatten. Das hügelige Land bietet dem Wind keinerlei Widerstand. Er fegt mit bis zu 180 Kilometern pro Stunde über die Erde hinweg und knickt alles um, das höher wächst als 1,50 Meter. Die Wolken haben gar keine Zeit, sich zu Gebilden zusammenzubauen, flach, durchsichtig und mit zerfransten Konturen rasen sie wie gehetzt unter dem Blau umher.

Reich an größeren und kleineren Naturschauspielen ist der Nationalpark Nahuel Huapí. Hier ein Wasserfall am Nordufer des Nahuel-Huapí-Sees.

Wie flatternde Fahnen zappeln die – seltenen – Baumkronen in der Luft, denn Bäume haben in diesem Land keine großen Chancen.

Die *estancieros*, die Viehzüchter, umgeben ihre Anwesen häufig mit einem Zaun aus Pappeln, der oft einzigen vertikalen Struktur in einem Landschaftsbild von endloser Weite. Ansonsten überziehen polstrig aufgeplusterte Strauchgewächse den graubraunen, geröllreichen Boden, die *barba de chivo*, die *malaspina* und die *uña del gato*, der *calafate* und *neñeo*, die *matamora* und die *flechilla*, deren Namen auch in der deutschen Übersetzung ziemlich struppig klingen: Ziegenbart, kleiner Pfeil, böser Dorn, Katzenkralle.

Der Wind hat dieses Landschaftskleid zu verantworten. Ganz selten wird man einen solchen Anblick woanders finden, er ist charakteristisch für Patagonien. So endlos und unermeßlich wie ein Meer, die Erdaufwerfungen geriffelt wie Wellen, in denen die wenigen *estancias* der Waliser wie Schiffe schwimmen – so erschien und erscheint den europäischen Augen *el sur.* Ein großes, ein vielleicht zu großes Versprechen.

Wen es in Patagonien hält, der braucht Ausdauer. Und so kann man auch nicht unbedingt behaupten, daß die staatlichen Besiedlungsprogramme ein großer Erfolg gewesen wären. Im Einwanderungsgesetz von

Landschaft nördlich von Bariloche. Die struppigen, graugrün schimmernden Büschel des widerstandsfähigen Pampa- oder Silbergrases, das auch den heftigsten Stürmen widersteht, prägen weite Teile des patagonischen Berglandes.

1876, dem nach dem damaligen Präsidenten getauften Avellaneda-Gesetz, wurden drei Besiedlungsformen definiert: die Staatskolonisation, die private Kolonisation, die über Gesellschaften abgewickelt wurde, und die Staatspacht – vom Staat erworbenes Pachtland. Für Ackerbaukolonien wurde eine Größe von 100 Hektar fixiert, für Weidekolonien 625 Hektar. Das erwies sich für beide Fälle als zu klein dimensioniert, und für die Staatspacht gab es überhaupt keine Vorschriften.

Manche Siedler brachen beim Anblick ihrer neuen Heimat in Tränen aus, weil sie so rauh und steinig und unfruchtbar aussah, andere verteilten sie gleich neu, einige von ihnen traten ihren Besitz erst gar nicht an. Von einem irgendwie geordneten Zusammenwachsen konnte hier wirklich nicht die Rede sein.

Die geschäftstüchtigen Syro-Libanesen folgten den Pionieren auf dem Fuße und errichteten die legendären *boliches*, diese Mixtur aus Kneipe, Tankstelle, Krämerladen und Reparaturwerkstatt, die immer noch in die unwirtlichen Weiten eingesenkt sind wie freundliche Sterne. Die Salesianer folgten mit dem Missionieren, was jedoch von weniger Erfolg gekrönt war. Die christliche Erlösersymbolik harmonierte nicht im mindesten mit den Naturgottheiten der Indianervölker, zwei religiöse Systeme standen sich verständnislos gegenüber.

Was wohl den chilenischen *estanciero* dazu bewogen haben mag, hierzubleiben? Wir haben ihn mit einer Autopanne aufgesucht. Es ist schon dunkel, und die steinbedeckten Pisten haben zwei Reifen plus Ersatzrad zerfetzt – typisches Schicksal von Touristen auf Entdeckungsreise. «Wenn du in Patagonien unterwegs bist, nimm Proviant für drei Tage, eine Taschenlampe, einen Schlafsack und etwas zu lesen mit», hat uns unser Freund bei der Abreise geraten. So ganz ernst genommen haben wir das nicht, wie wir nun reuevoll feststellen. Und an die Dimensionen müssen wir uns erst noch gewöhnen: 300 Kilometer keine Menschenseele, geschweige denn Treibstoffnachschub oder frische Reifen, das sind einzukalkulierende Größen. Nun haben wir also seit vier Uhr nachmittags die kaputten Räder, und die Fahrer des einzigen Pick-up, dem wir zwischen Gobernador Gregores und El Calafate in der besonders leeren, besonders steinigen südlichsten Provinz Patagoniens, Santa Cruz, begegnet sind, rieten uns, *el chileno* aufzusuchen, denn was anderes bliebe uns sowieso nicht übrig. *El chileno* öffnet, ohne viel zu fragen, seine Türe und weist uns in der Wohnküche Sitzplätze zu. Mehr kann er nicht tun, sein Sohn sei in die Stadt gefahren und werde nicht so bald zurückerwartet, er habe kein Werkzeug, geschweige denn intakte Reifen. Er bietet uns Mate und Weißbrot an, wie er es gelernt hat, daß man nämlich einem Fremden immer helfen muß mit dem, was man hat, hier in dieser Gegend, und mehr kann er uns nicht anbieten. Die Küche ist mit einem Vorkriegsmodell von Schrankungeheuer möbliert, alles ist peinlich sauber und ärmlich. Das große Glück hat er hier in Argentiniens Süden wohl kaum gefunden.

EINWANDERER UND IHRE HOFFNUNGEN

Man stellt sich ja immer schnell vor, daß Patagonien zur Beute von habgierigen Großgrundbesitzern geworden ist, die riesige Stücke Land von ihren Schaf- und Ziegenherden abweiden ließen und mit der Wolle und dem Fleisch reich wurden: Schafbarone mit dem dazugehöri-

Karge Flußlandschaft am gewundenen Lauf des Río Alumine im Lanín-Nationalpark, geprägt vom Farbkontrast des metallisch-blauschimmernden Wassers zu den rötlichbraunen Felsufern mit ihrer hellen Pampagrasvegetation.

Spiel der Farben und Vegetation in den weiten Landschaften im Norden Patagoniens: Die charakteristischen, sandfarbenen Pampagräser bei San Martín de los Andes . . .

gen Prestige. Aber das ist nur die halbe Wahrheit. Das Land wird zwar tatsächlich fast ausschließlich durch Schafzuchtbetriebe genutzt, doch es gibt viele kleine und mittlere Anwesen, deren Weidefläche zwischen 1000 und 200 000 Hektar variiert. Gewirtschaftet wird extensiv. Das schüttere Pflanzenkleid läßt keine anderen Möglichkeiten zu und leidet zugleich unter dieser Beanspruchung: Die Dornsträucher breiten sich aus.

Sobald man das Koordinatensystem der nur selten asphaltierten Straßen verlassen hat und die breiten *tranqueras* – die Zauntore, die die Viehkoppeln voneinander trennen – passiert, nimmt man die traurigen Konsequenzen schnell wahr. Gnadenlos überweidete Hänge in der absurden Optik einer Mondlandschaft, verlassen von Schafzüchtern, die Beruf oder Land oder beides bereits aufgegeben haben, dehnen sich über Hunderte von Kilometern.

Der *chileno* hat etwa 800 Schafe, das ist ein bescheidener Besitz, der zudem schnell an Wert verliert. Denn Schafe sind in Patagonien nicht nur Tiere, mit denen man Geld machen kann, sie selbst sind auch eine Form von Währung: Tausche Schafe gegen Brennholz, tausche Schafe gegen Torf.

Doch natürlich kam es, gerade im Süden, in der Provinz Santa Cruz, wo die Landbesitze keine genauen Konturen hatten, zur Konzentration des Bodens in die Hände einiger weniger. Wahre Reiche entstanden, und der große Bedarf an Arbeitskräften wurde von Saison zu Saison mit *peones* gedeckt, Landarbeitern ohne große Rechte. Auch sie rekrutierten sich aus dem bis zum Beginn des Jahrhunderts nie versiegenden Strom der Emigranten, aus Russen, Deutschen, Polen, Italienern, Spaniern, Portugiesen. Diese hatten die Docks von Riachuelo und die Schlachtfabriken in Buenos Aires verlassen in der Hoffnung, im Süden bessere Arbeitsbedingungen und höheren Verdienst zu finden. Und sie importierten gleichzeitig auch ihre Gewerkschaftserfahrungen. Gegen die britischen *latifundistas* im Süden etablierte sich eine anarchistisch-syndikalistisch orientierte Bewegung, die sich auch mit den sozialistischen Theoretikern gut auskannte.

Der Anlaß zur Rebellion sollte bald kommen: Der Niedergang der Wollpreise auf dem Weltmarkt hatte 1919 beträchtliche Lohnkürzungen zur Folge, die die Gewerkschaften mit Streiks beantworteten. Die Regierung Irigoyen reagierte mit militärischer Gewalt. Das hatte sie schon kurz zuvor in Buenos Aires getan, als sie unter streikenden Arbeitern ein Blutbad anrichtete, welches als *semana trágica* («tragische Woche») in die Annalen des Landes einging. Auf der Estancia Anita der

... im Kontrast zu der etwa hundert Kilometer südlich, bei San Carlos de Bariloche, bereits vielfältigeren Pflanzenwelt.

auch in Chile bekannten Größtgrundbesitzersfamilie Braun-Menéndez wurden 120 Arbeiter erschossen, die sich an den Aktionen beteiligt hatten.

In Gobernador Gregores mitten im Estancia-Land hat sich niemand über Städtebau Gedanken gemacht. Wie überall in Patagonien zieht es höllisch durch die Straßen mit den flachen Häuserwürfeln; es gibt ein Motel und zwei Restaurants in der Fünfziger-Jahre-Optik, eine Tankstelle und ein paar Läden, darunter eine Kleiderboutique. Die Wände des größten Ladenmagazins sind mit Waffen dekoriert, in den Plastikregalen lagern künstliche Blumensträuße und Porzellannippes für die Heimverschönerung, und sämtliche Lebensmittel findet man in patagonischen Dimensionen vor: Zehn-Kilo-Packs mit getrockneten Linsen, Keksen, Cracker, Mehl, Zucker, Öl, Nudeln, Milchpulver – staubige Kost. Die Kleidchen in der Boutique sind richtige Windfänger und vermutlich Ladenhüter, denn die Frauen gewanden sich hauptsächlich in Jeans, Stiefel und Blousons.

Alle kleinen Siedlungen, in denen sich die *estancieros* versorgen, sehen so aus wie Gobernador Gregores. Man zappelt im viel zu grobgestrickten Netz von ein paar wenigen windgepeitschten, staubbedeckten Pisten, die kein Ende nehmen wollen und doch den Anspruch vertreten, auf ein Ziel zuzusteuern.

Diese hier führt zu einem Höhepunkt des südlichen Patagonien, denn in der Unwegsamkeit und dem abweisenden Antlitz des rauhen Südens sind auch seltene kostbare Juwele eingebettet, die vor dem monochromen Kontrast eine poetische Schönheit gewinnen. Das Granitmassiv des Cerro Fitz Roy in den Anden schlägt mit 3375 Metern höhenmäßig keine Rekorde, doch es bezaubert durch seine verwunschene Optik. Der Prospekt ist aus senkrecht in die Höhe schießenden Felsnadeln mit Zackenkronen aufgebaut und weist bis heute jeden Laien- und auch manchen Profikletterer in seine Schranken. Benannt wurde es nach dem britischen Kapitän Fitz Roy, auf dessen Schiff der Naturkundler Charles Darwin 1823 nach Patagonien reiste. Wie ein roter Faden zieht sich das europäische Erbe durch die Namensgebung, so als hätte davor niemals ein Auge diese Landschaft und ihre Besonderheiten geschaut und beschrieben: Nicht nur das Massiv trägt den Namen des Seemannes, auch ein Baum ist nach ihm getauft: Die *alerce* (Lärche) wird botanisch unter dem Namen *fitzroya cupressoides* geführt. Das nur am Rande, denn die *alerce* werden wir nicht hier, sondern weiter im Norden finden. – Der Weg ist das Ziel, denn wenn man sich einmal der Poesie der Einsamkeit geöffnet hat, dann fällt es leicht, sie auch zu mögen, und dann stört weder der

EIN LEBENDIGER MYTHOS – DIE GAUCHOS

Gibt es sie noch? Oder gibt es sie nicht mehr? Die legendären Gesellen der Pampa, die freiheitsdurstigen einsamen Männer, denen die Gesellschaft eines Pferdes lieber war als die eines Menschen, die reiten konnten wie die Teufel, ohne zu ermüden, die so merkwürdig angezogen waren mit ihren Röcken aus Leder, deren Heimat die freie Luft war oder am besten gleich das Himmelszelt? Die sich nur von Fleisch ernährten? Die immer noch ein bißchen wilder waren als die Cowboys, immer noch ein bißchen wagemutiger als die *vaqueros*, ihre nördlichen Brüder.

Besuch in einem Museum. In Montevideo, Uruguay, nicht in Argentinien. Hier hat man den Gauchos ein Denkmal gesetzt. Man fühlt sich in kirchliche Schatzkammern versetzt, so silbern prunkt es aus den Vitrinen. Kunstvoll beschlagene Messerscheiden, aus Silber hergestellte Sporen, luxuriöse Gefäße für den Mate-Tee, Pferdegeschirr aus Gold mit silbernen Einlegearbeiten, kurz, eine unverhoffte Pracht an ungewohnter Stelle. Diese Reichtümer soll der Herr der Ebenen aufgehäuft haben?

Die gemalten Genreszenen zeigen den Gaucho gerne zusammen mit Freunden und Freundinnen beim Tanz, und wieder zerbricht ein Klischee.

Natürlich werden wir ihm so nicht mehr begegnen. Die Gauchos haben sich als Mythos in das Bild Argentiniens eingemeißelt, sie sind eine schöne nationale Macho-Folie. Sie begannen als mestizische Außenseiter in der frühen spanischen Kolonialgesellschaft, die im 17. Jahrhundert die magische Grenze zur Zivilisation überschritten und sich mit den Indios vertrugen, und erhoben sich zu den legendären Reiterarmeen, die der aus Salta stammende Martín Miguel Güemes für die Unabhängigkeitskriege zusammenstellte. Unter dem Diktator Manuel de Rosas (1835–1852) wurde der Gaucho dann zum nationalen Leitbild stilisiert, doch gleichzeitig bereitete das junge Argentinien ihm auch seinen Abstieg: Die Landaufteilung, das Errichten der *estancias* stahl ihm seinen Lebensraum. Schließlich war er der Herr gewesen über frei herumstreifende Pferde und Rinder, jetzt war er nur noch ein entrechteter Viehdieb. Präsident Faustino Sarmiento (1868–1874) verbannte ihn zurück in die Unzivilisation, in die Barbarei, tat ihn als ungebildeten Raufbold ab. Sozusagen als Gegenwehr entstand 1870 der «Martín Fierro» – ein Manifest zur Bewahrung des Eigensinns, ein rückwärtsgewandter Traum, dessen rebellische Konnotation aber durchaus verstanden wurde: So nannte der argentinische Regisseur Fernando Solanas («Sur») seine Argentinien-Parabel auf die Militärdiktatur «Die Kinder des Martín Fierro».

Abschied von der Braut. Auch im Leben der heutigen Gauchos ist wenig Platz für eine Familie.

Die Gauchos, deren Name auf araukanisch «Waise» bedeutet, mag man in den Landarbeitern erkennen, die durch Patagonien streifen, mit ihren indianischen *boleadoras*, den Wurfkugeln, einem zweiten Pferd und einem Hund, und die sich anstellen lassen von den Besitzern, denen heute das Land und die *estancias* gehören. Besitz verachten sie, den silbernen Lohn pflegten sie sich an den Gürtel schlagen zu lassen – diese Überraschung hat uns das Museum in Montevideo bereitet –, sie verachten Bindungen und haben selten geregelte Familienbeziehungen. In ihren Festen, den *rodeos*, bewahrt sich eine Spur des Überlebenskampfes, den ehemals der Waise in der Wildnis ausfocht. Aus einem Gaucho wird kein *estanciero* und kein Biedermann. Niemals.

Susanne Asal

Umherziehende Gauchos, die zu einer Rast ihr Lager aufgeschlagen haben.

Allein und selbständig mit Hund und Pferdegespann unterwegs – ein Junge aus Colonia Sarmiento.

High Noon in Patagonien. Wartet man nicht förmlich darauf, daß einige Gauchos aus dieser kleinen Bar in Camarones herauskommen, um auf ihre Pferde zu steigen und in der Wildnis zu verschwinden?

An der Fernstraße Ruta Tres, die ganz Argentinien durchquert und an der Ostküste Patagoniens entlang bis nach Río Gallegos führt, der südlichsten Stadt dieses menschenarmen Landes, dessen Bevölkerungsdichte gerade einen Einwohner pro Quadratkilometer beträgt.

steinige Weg noch die absolute Menschenleere, für die die Statistik die unbestechliche Zahl von 0,7 Menschenleben (für die Provinz Santa Cruz) pro Quadratkilometer notiert. Den ganzen Tag über treffen wir zwei Guanakos, und sonst niemanden. Wir sehen aber auch den Lago Viedma wie einen hellen Smaragd in einem unbeschreiblichen Grünton unter dem Wind erschäumen und wissen, daß wir eine solche Farbe wohl nie wieder sehen werden.

Hier, im südlichen Santa Cruz, verläuft eine einzige asphaltierte Straße von der Küste von Río Gallegos quer über die Steppe bis an den Andenrand nach El Calafate. Die wirtschaftlich wichtige Kohlestadt Río Turbio weiter südlich ist auf dem Landweg am leichtesten über Chile zu erreichen, von Argentinien aus ist es besser zu fliegen. Und El Calafate bekam die Asphaltverbindung vermutlich auch nur verpaßt, weil sich hier mit dem Gletscher Perito Moreno und dem Parque Nacional Los Glaciares ein Naturspektakel befindet, das Besuchern erschlossen werden sollte. Ein Ritt dauerte früher schließlich 30 Tage, der Bus braucht heute etwa sechs Stunden. La Esperanza, der einzige auf der Strecke verzeichnete Ort, entpuppt sich als die Kombination von zwei Raststätten. Und wo wohnen die Kellner, fragt man sich da, oder reisen sie etwa tagtäglich an?

DER KALBENDE GLETSCHER

Der Perito Moreno ist der einzige wachsende Gletscher der Welt, der in einen See kalbt. Er gehört zu dem mit 22 000 Quadratkilometern größten glazialen Urweltfeld der Südhalbkugel (abzüglich der Antarktis, versteht sich, und viermal so groß wie die Alpen). Und er gehört zu den spektakulärsten Anblicken, die Argentinien zu bieten hat. Lange bevor man ihn sieht, hört man ihn schon. Die ganze tundragrüne Umgebung voller bizarrer, rotbesternter Sträucher, die dem Ort El Calafate seinen Namen gegeben haben, ist eingehüllt von sanftem Donner und spitzem Zischen, von zartem Knacken und Pfeifen. Die beschneiten Anden bilden einen gezackten Prospekt, ein gigantisches Bühnenbild für ein Naturerlebnis, das sich selbst großartig in Szene zu setzen scheint. Zwischen dunkel schimmernden Wänden von bewaldeten Gebirgsfalten schiebt sich ein gewaltiger Strom aus gestocktem Eis und Schnee ungefähr fünf Kilometer breit ins Blickfeld. Täglich wachsen 195 Quadratkilometer Eis und Schnee um etwa einen Meter hinein in den Lago Argentino. Diese Masse ist stark geformt und gegliedert, mit Brüchen und Winkeln, kirchturmhaften Aufsätzen und Kuppeln, Zacken und Borken besetzt, von Nischen und Tunneln unterhöhlt.

Die in ihren schlichten, klaren Formen eindrucksvolle Kapelle St. Christo steht gegenüber der Vogelinsel Isla de los Pájaros auf der Landbrücke, die die Halbinsel Valdés mit dem Festland verbindet.

Aber Eis ist nicht gleich Eis: Die kristallinen Farbschattierungen vom zartesten Himmel- bis zum tiefen Tintenblau, die diesen immensen Block marmorieren, zeigen den Sauerstoffanteil an, der in die Masse während ihrer Bewegungen eingeschlossen wurde, die grauen bis schwarzen Schleier auf seiner Oberfläche den Grad der Umweltverschmutzung. Die Luft ist beständig von den fremden Lauten erfüllt, die durch das Bröckeln und Bersten des Eises entstehen: ein Gletscher bei der Arbeit.

Alle vier Jahre feiert man am Perito Moreno ein ganz besonderes Ereignis. In diesem Zeitraum ist der Gletscher so weit angeschwollen, daß er einen der Arme des Lago Argentino vom übrigen See vollständig abschneidet. Kontinuierlich erhöht sich der Wasserdruck in dem *brazo* (Arm) derart, daß es in vierjährlichem Rhythmus zu einem Befreiungsschlag kommt: Das Wasser bricht sich in einem grandiosen Tunnel Bahn. 1996 ist es wieder soweit.

Der Parque Nacional Los Glaciares verzeichnet aber noch weitere Höhepunkte, die tiefer drinnen in dieser ewig tropfenden, kalten Welt verborgen liegen, beispielsweise den Gletscher Upsala, auf dessen Ausdehnung von 595 Quadratkilometern ganz Buenos Aires unterzubringen wäre, und die Inselchen zwischen den Gletschern Spegazzini und Onelli, deren dunkelgrüner, moosiger Grund mit Veilchen, Pantoffelblumen, Orchideen und Löwenzahn geschmückt ist.

ERDÖL AM ENDE DER WELT

Die Anden verlieren während ihres Laufs über den Kontinent stetig an Höhe. Von den stolzen Sechstausend des Aconcagua bei Mendoza hat sich das Gebirge, dessen junges Alter die Ketten aus schneegekrönten, zum Teil noch arbeitenden Vulkanen bezeugen, auf fast nur noch ein Drittel an Höhenmetern hinabgesenkt.

Der Cerro Cervantes kommt gerade noch auf 2380 Meter. Auf chilenischer Seite haben sie sich schon in ein Labyrinth aus Tausenden von Inselchen zersplittert und sich ins Meer gestürzt. Wir sind am Festlands-Ende eines Kontinents angekommen; weiter südlich, hinter der so verzweifelt gesuchten Magellanstraße, befinden sich nur noch Feuerland und das Kap Hoorn. Und das war es dann. Ein Ende der Welt ist erreicht, und – es läßt sich nicht leugnen – so sieht es auch aus. Die stürmischen Winde halten die aufgewühlten Wasser in ständiger Bewegung. Es ist eiskalt und regnet Eisbrocken. Der dunkle Himmel läßt majestätische Silhouetten aus eisgekrönten Bergen aufblitzen.

Fortsetzung Seite 45

Blumenge-schmückte Gärten, die an die frühere Heimat erinnern, kennzeichnen oft die Häuser der Patagonier walisischer Abstammung, wie hier in Camarones.

In der Bar «El Gauchito» in Camarones empfängt den Gast eine schlichte, funktionale Ausstattung und Gestaltung, wie sie der Kargheit des Landes entspricht.

NEUE SIEDLER AUS DER ALTEN WELT: WALISER IN PATAGONIEN

Als am 2. Juli 1865 das Schiff «Mimosa» aus Liverpool kommend an den kiesbedeckten Buchten des Golfo Nuevo festmachte, da hatten 151 Waliser ihre neue Heimat entdeckt. Die meisten von ihnen stammten aus den überbevölkerten Kohlezentren und hatten in ihrem Geburtsland eine bedrohte Zukunft vor sich – hier, in Patagonien, war sie wenigstens nur unsicher. Die Geschichte hatte sich gegen die separatistischen Tendenzen gestellt: Die walisische Kultur wurde unterdrückt, die Unterweisung in walisischer Sprache verboten. Arbeit gab es kaum, die Bauern konnten ihre Produkte nicht mehr gewinnbringend verkaufen. So suchten sie nach einem Land, welches ihnen die Chance bot, unbelastet von Repression und wirtschaftlicher Ausweglosigkeit zu leben. Einige zog es in die Vereinigten Staaten, wo sie sich vor allem in Philadelphia niederließen, andere versuchten es mit einer noch größeren Ferne, mit dem Süden des südamerikanischen Kontinents. So bildeten die Waliser die Vorhut der Emigrationswellen aus Europa, die rund 40 Jahre später in immer wieder aufflammenden Bewegungen über Argentinien kamen.

Die um die Jahrhundertwende entstandenen Fotografien zeugen von dem gesellschaftlichen Leben der walisischen Siedler in Patagonien, die damals – noch viel stärker als heute – ihre Traditionen und ihre Kultur, die sie aus der alten Welt mitgebracht haben, pflegten.

Der Landesregierung waren die neuen Siedler nur recht. Unter dem Kriegsminister Julio Agentino Roca wurde die indianische Bevölkerung der Pampa und Patagoniens massiv bekämpft. Die unter dem Begriff *Campaña del Desierto* (1877–1879) in die argentinische Geschichtsschreibung eingegangene Kriegshandlung bedeutete deren faktische Vernichtung. Sie hat auch ideologisch viel bewegt: Die meisten Argentinier wollen nicht von «irgendwelchen Indios» abstammen, für die sie häufig nur Verachtung empfinden, sie sind stolz auf ihr europäisches Erbe.

Solche Berührungsängste haben die Waliser nie beschäftigt. Sie haben schnell festgestellt, daß sie ohne die Nachbarschaft beispielsweise der Tehuelche ziemlich hilflos in der kargen Erde herumgestochert hätten. Nicht wenige unter ihnen hatten im Bergbau gearbeitet und keine besondere Ahnung von Bodennutzung. In den Museen von Gaimán, Trelew und Trevelín sind Fotografien ausgestellt, die Landesherren und Neulinge in friedlicher Zusammenkunft zeigen, und man sagt, die Hausfrauen der beiden Kulturen hätten Kochrezepte ausgetauscht.

Zunächst mußten sie allerdings feststellen, daß das Gebiet um den Golfo Nuevo mit seinem schönen Naturhafen keine geeigneten Trinkwasservorkommen aufwies. Drei Wochen nach der Ankunft brach man in Richtung Süden auf und fand geeignetes Gelände am Río Chubut 60 Kilometer weiter südlich, im Cwm Hyfryd, wie sie es nannten, im schönen Tal.

Doch bald reichte das Tal der sich stark vergrößernden Kolonie nicht mehr aus. Bis 1914 reisten Landsleute nach, und eine Gruppe zog hinüber zum fruchtbaren Andenrand. Die 1888 dort gegründete *Colonia 16 de Octubre* prosperierte: 1890 wurden 800 Schafe angesiedelt, 1891 konnte man die erste Weizenernte einbringen, und um 1900 zählte man 1163 Einwohner. Das ist lange her, die Waliser haben sich nie besonders stark abgekapselt, und doch hat eine spezifische Herbheit in ihren heckenrosengeschmückten Siedlungen überlebt. Sie und ihre auf altmodischen Plakaten angekündigten, alljährlich stattfindenden Blumenspiele, Eisteffod, haben sich in Patagonien unbehelligt entfalten können, hier, wo so viel Fremdes nebeneinander Platz und Zeit hat.

Susanne Asal

Die wüstenhafte Landschaft der Bosques Petrificados José Ormachea, übersät mit den Überresten versteinerter Wälder.

Ein mächtiges, steinernes Baumfragment inmitten ausgewaschener, zerfurchter Bodenformationen in der leblosen Gebirgswüste der Versteinerten Wälder José Ormachea.

Aus den verschiedenartigsten, von Erosion und Verwitterung gezeichneten Gesteinsgebilden und Formen in den Versteinerten Wäldern José Ormachea lassen sich die geologische Vergangenheit und die Auswirkungen des Extremklimas Patagoniens anschaulich ablesen.

Río Gallegos, am Mündungsdelta des gleichnamigen Flusses gelegen und 30 Tagesritte von El Calafate entfernt, war einst eine britische Enklave und verdankt sein bescheidenes Aufblühen in den letzten Jahrzehnten den Erdölfunden in Patagonien, die die zweite Einnahmequelle des Landes bilden. In der Nähe gibt es mehrere Camps der Erdölgesellschaft YPF, und die bescheidenen Hotels der Stadt sind oft mit den dort Beschäftigten dauerbelegt. Nein, sie würden hier nicht hinunterziehen, sagen die aus Buenos Aires stammenden Ingenieure, mit denen wir sprechen, das hier unten sei doch kein Leben, das sei reine Arbeitszeit. Durch die Straßen pfeift wie üblich der Wind, das Auge kann sich an nichts festklammern, im uniformen Stadtbild notiert man nur geringfügige Differenzen zwischen «guten» und ärmlicheren Wohngegenden, und das Aufregendste ist ein abendlicher *paseo* auf der nüchternen Hauptstraße mit seinen zwei oder drei *parilladas*. Verglichen mit Buenos Aires ist das tatsächlich eine karge Schufterei.

Da hat Comodoro Rivadavia doch entschieden mehr zu bieten. In die hügelig aufgeworfenen Schichten Mittelpatagoniens 800 Kilometer weiter nördlich gebettet, bewacht von unzähligen Batterien der Förderpumpen auf den Hügelkuppen, übertönt von dem monotonen Gekreisch ihrer Arbeitsgeräusche, hat diese Stadt etwas seltsam Weltentrücktes. Die einzige Ausflugsmöglichkeit besteht zu dem zwei Kilometer entfernten Badeort Rada Tilly, dem südlichsten von Argentinien, einer von allen Reizen entblößten Bucht aus staubfarbenem Sand im bunten Schmuck aus schreiend gefärbten Sonnenschirmen – eine wirklich melancholische Angelegenheit. Die Förderzahlen sind rückläufig (trotzdem stammen immerhin 60 Prozent der nationalen Ölfördermenge aus der Umgebung von Comodoro Rivadavia), und so macht man die Stadt selbst zum Fördergebiet: Die natürlichen Hügel wurden gekappt und gestutzt, und derart ihrer Konturen beraubt, bedrohen sie das Stadtgebiet mit Erdabrutschen.

Dafür blüht die Prostitution. In dieser Umgebung braucht man menschliche Nähe, und offensichtlich läßt die sich hier nur kaufen. Comodoro Rivadavia ist vermutlich der traurigste Ort von ganz Patagonien; hier fallen Funktionalität und Identität schonungslos zusammen. Vielleicht sah er ja 1901 noch ganz nett aus, kurz nach seiner Gründung als Verschiffungshafen der Produkte aus der Colonia Sarmiento. Jetzt jedenfalls wird gebaut und dann auch wieder nicht, die jungen Ruinen mit ihren dunklen Löchern anstelle von Fenstern bezeugen, daß bedeutendere Höhenflüge geplant waren.

Patagonien ist Pionierland und wird es ewig bleiben. Die Fahrt zur Colonia Sarmiento zwischen den verschilften Ufern der Seen Musters und Colhué Huapí begleiten noch ein paar Serien der kreischenden Pumpen, und

REISE DURCH DAS LAND AM ENDE DER WELT

Aus Bruce Chatwins Roman «In Patagonien»

Patagonien beginnt am Río Negro. Um die Mittagszeit fuhr der Bus auf einer Eisenbrücke über den Fluß und hielt vor einem Lokal an. Eine Indianerin und ihr Sohn stiegen aus. Die Frau hatte zwei Plätze ausgefüllt. Sie kaute Knoblauch und trug klimpernde echte goldene Ohrringe und einen steifen weißen Hut, den sie an ihren Haarflechten festgesteckt hatte. Während sie sich und ihre Pakete aus dem Bus auf die Straße manövrierte, ging ein Ausdruck des Abscheus über das Gesicht des Jungen.

Die festen Häuser des Dorfes waren aus Backsteinen gebaut, mit schwarzen Ofenrohren und einem Gewirr von elektrischen Drähten auf den Dächern. Wo die Backsteinhäuser aufhörten, begannen die Indianerhütten, die aus Pappkartons, Kunststofftafeln und Sackleinen zusammengeschustert waren.

Ein Mann ging allein die Straße hinauf. Er hatte seinen Filzhut tief ins Gesicht gezogen und trug einen Sack auf dem Rücken. Er ließ den Ort hinter sich und verschwand in den weißen Staubwolken. In einem Hauseingang standen ein paar Kinder und quälten ein Lamm. Aus einer Hütte drang Radiomusik und das Geräusch von brutzelndem Fett. Ein magerer Arm kam zum Vorschein und warf einem Hund einen Knochen zu. Der Hund nahm ihn und stahl sich davon. [. . .]

Um das Dorf herum lagen bewässerte Mais- und Kürbisfelder sowie Obstgärten mit Kirsch- und Aprikosenbäumen. Am Fluß bogen sich die Weiden im Wind und zeigten die silbrigen Unterseiten ihrer Blätter. Die Indianer hatten Weidenruten geschnitten, und man sah die frischen weißen Schnittflächen und roch den duftenden Saft. Durch die Schneeschmelze in den Anden war der Fluß angeschwollen, das Wasser eilte durch das raschelnde Ried. Purpurschwalben jagten Insekten hinterher. [. . .] Ich kletterte einen Pfad hinauf und schaute von oben stromaufwärts in Richtung Chile. Ich sah, wie der Fluß sich schimmernd und schlängelnd zwischen den knochenweißen Klippen und Streifen smaragdgrüner Felder zu beiden Seiten dahinzog. Jenseits der Klippen lag die Wüste. Kein Geräusch war zu hören, nur der Wind, der durch das Dornengestrüpp fegte und durch trockene Grashalme pfiff. Und kein Lebenszeichen außer einem Habicht und einem schwarzen Käfer, der gemächlich über weiße Steine krabbelte.

[. . .] ich wanderte in nördlicher Richtung durch eine von tiefen Schluchten und Tafelbergen durchzogene Landschaft, wo die ungewöhnlichsten Farben an die Erdoberfläche gedrungen waren. An einer Stelle waren die Felsen abwechselnd fliederfarben, rosa und zitronengrün. In einem hellgelb glitzernden Schlund lagen die Knochen ausgestorbener Säugetiere. Er führte zu einem von roten Felsen umringten, ausgetrockneten Seebett, auf dessen Grund Kuhschädel aus einer schuppigen Kruste von rotgelbem Schlamm herausragten.

Beim Anblick dieser unnatürlichen Farben bekam ich Kopfschmerzen, die aber sofort nachließen, als ich einen grünen Baum entdeckte – eine Pyramidenpappel, ein Zeichen dafür, daß Menschen in der Nähe waren. [. . .]

Ich folgte ein paar Hufspuren, die das gelbliche Stoppelgras durchkämmten. An einer Stelle war der Boden mit weißen Splittern bedeckt, dem Rückenschild eines toten Gürteltiers. Der Pfad führte in Serpentinen den Tafelberg hinauf und fiel zu einer braunen Mulde ab, die mit abgestorbenen Bäumen übersät war. Am Ende der Mulde stand ein Farmhaus zwischen einer Gruppe von Pappeln.

BRUCE CHATWIN (1940–1989) arbeitete beim Auktionshaus Sotheby's und als Journalist bei der Sunday Times. Ausgedehnte Reisen führten ihn in viele Wüstengebiete der Welt. Wie auch in seinen anderen Reiseberichten gilt im 1977 als Buch erschienenen «In Patagonien» Chatwins Augenmerk vor allem den Details, den Eigenarten und Schicksalen der Menschen, die in der Weite leben.

Chatwins Reisebericht vermittelt auf einzigartige Weise die Besonderheit patagonischer Landschaften. – Die Region der versteinerten Wälder.

Die einsamen Weiten Patagoniens mit ihren großartigen, oft auch abweisenden und fremdartigen Naturformationen gelten vielen westlichen Reisenden als Inbegriff unberührter Urlandschaft und extremer Abgeschiedenheit. In den versteinerten Wäldern.

Das bei der Versteinerung von Holz (durch Einlagerung von Kieselsäure und folgender Silikatbildung) entstehende Gestein erreicht eine fast glasartige Konsistenz und Härte, so daß diese Versteinerungen im Lauf der Zeit aus ihrem abgewitterten, weicheren Untergrund als markante Formationen hervorragen. Im Bild die erosionszernagten, holzidentischen Strukturen eines versteinerten Baumstammes.

Blick vom Tafelberg Mesa Colorado im Monumento Natural Bosques Petrificados über eine wahrhaft mondähnliche Landschaft.

dann wird es wieder still. Hier, wo die Provinzen Santa Cruz und Chubut zusammentreffen, beschert ein sumpfiges Areal dieser steinigen Meseta-Landschaft einen ganz ungewohnten Erwerbszweig: Die Stadt lebt fast ausschließlich vom Obst- und Gemüseanbau. Besonders lieblich sieht es dort trotzdem nicht aus. Irgendwie schafft es Patagonien, alle Plätze völlig weltverloren wirken zu lassen, auch wenn sie wie diese hier nur 156 Kilometer von der nächsten größeren Stadt entfernt und durch eine Besiedlungstradition von etwa 100 Jahren nahezu altehrwürdig zu nennen sind. Die Hotels sind, mit einer Ausnahme, zugige Bretterbuden mit abblätternden Tapeten und unzulänglichen Öfen, mit nüchternem Mobiliar und unfreundlichen Besitzern. Der abweisenden Substanz steht das Angebot in den (wenigen) Geschäften entgegen; hier dominiert einmal nicht das Trockenfutter, sondern die vergleichsweise reichhaltige Auswahl an Frischgemüse.

Kontraste patagonischer Landschaft: Die eisschollenbedeckte Onelli-Lagune inmitten einer parkartigen Landschaft mit üppig grünenden Laubbäumen und dichten Wiesen.

DIE LANDSCHAFT DER VERSTEINERTEN WÄLDER

Von einnehmender Freundlichkeit hingegen erweist sich unser Reiseführer in eine 65 Millionen Jahre zurückliegende Welt. 30 Kilometer südlich von Colonia Sarmiento breitet sich in den Bosques Petrificados José Ormachea eine Landschaft aus, die mit nichts im Cono Sur zu vergleichen ist. Auch mit «versteinerten Wäldern» ist der Zauber nur unzulänglich beschrieben, denn sie sind nicht das einzig Atemberaubende.

Zwischen den Zacken, Nischen, Tafeln und Steilabbrüchen einer eigenwillig geformten Gebirgsszenerie dehnen sich weite Täler, deren staubtrockener Boden mit Splittern versteinerten Holzes übersät ist, kristallscharfe Borken, Spitzen, Rechtecke mit den typischen Mustern und Maserungen schaffen einen wahren Trompe-l'œil-Effekt: Das, was man sieht, ist nicht das, was es zu sein scheint.

Ausgehöhlte Baumstümpfe liegen in der Gegend herum, als hätte sie gerade erst jemand dorthin geworfen; die steinernen Abbilder von Stämmen krallen sich in den Untergrund fest, gerade als würden sie noch leben. Drumherum sind die kahlen Kuppen und Wände in die Farbenpracht der Eisenerztöne gehüllt, gestreift in den Farben Gold, Grün, Orange, in Nuancen, wie sie herbstliche Erde und fallende Blätter haben. Seit Jahrmillionen arbeitet die Erosion ihre Formen in die Landschaft hinein, hat die sich verschiebende und sich faltende Erdkruste immer wieder Stümpfe und Äste an ihre Oberfläche gedrückt.

DIE ARGENTINISCHE SCHWEIZ

Ein Heiliger war er nicht, el Señor Carlos Wiederhold, der 1895 von Chile aus kommend seine Blockhütte in einer Gegend baute, die als San Carlos de Bariloche eine steile Karriere zu einem der wichtigsten argentinischen Urlaubsgebiete gemacht hat. Von Colonia Sarmiento erreicht man es in mehreren hundert Kilometern durchs Estancia-Land auf einer asphaltierten Straße über Esquel. Nach all der eigenen Geometrie, die die Viehzüchter in den graubraunen Untergrund eingeschrieben haben, bietet Bariloche am Andensaum geradezu eine überschwengliche Vielfalt an Idylle auf.

Carlos Wiederhold wollte die Möglichkeit eines transandinen Handels zwischen Chile und Argentinien erkunden. Sie war vielversprechend: Die landwirtschaftliche Produktion der umliegenden *estancias* benötigte einen Absatzmarkt, und der war mit dem recht nahen chilenischen Hafen Puerto Montt (der auch Verbindungen zu europäischen Häfen bot) gefunden, gleichzeitig konnte man technisches Gerät und Gegenstände des täglichen Bedarfs aus Chile importieren.

Im Jahr 1904 entstand eine deutsch-chilenische Aktiengesellschaft, die *Sociedad Ganadera y Comercial Chile-Argentina*. Die zukünftigen transandinen Handelswege wurden in den kalten Urwald geschlagen, die Seen als weitere Verbindungen genutzt. In Puerto Montt,

Captain Shelvocke, ein englischer Freibeuter des 18. Jahrhunderts, beschreibt Patagonien: »Der Himmel war uns ständig durch düstere, unheilvolle Wolken verdeckt . . . man hätte es für unmöglich gehalten, daß irgendein lebendes Wesen in einem so strengen Klima überleben könnte.«

Oben: Am Lago Argentino bei Puerto Bandera.

Unten: Die patagonische Pampa zwischen El Calafate und Río Gallegos.

Eine Landschaft aus Kälte und majestätischer Ruhe: Das eisdurchsetzte Wasser der Onelli-Lagune . . .

Puerto Varas, Frutillar, Puerto Blest und am Lago Nahuel Huapí erbaute man Agenturen, Handelsbüros und, für die Reisenden, Hotels. Schnell erwuchs hier ein wichtiges Handelszentrum.

Die Gegend um Bariloche wurde nach 1904 planmäßig besiedelt. Bald lebten auf den 400 Quadratkilometern des Kolonistenlandes 110 Familien mit 3060 Schafen, 3540 Rindern, 520 Pferden und 20 Ziegen. In dem feuchteren Waldbereich war Großtierhaltung möglich, der trockenere Steppenbereich ließ nur Schafzucht zu. Schlachtvieh stellte zwar ein begehrtes Handelsgut im südlichen Chile dar, doch im Lauf der Zeit wurden die Zollbestimmungen verschärft, der wichtige Markt entfiel, und die Kolonien mußten sich trotz mangelhafter verkehrstechnischer Anbindung auf Absatzmöglichkeiten in Argentinien konzentrieren. Zum selben Zeitpunkt entstand auch die Überlegung, Bariloche zum Ferienzentrum zu machen.

Einen wichtigen Stellenwert nahm und nimmt dabei die Zugverbindung über Ingeniero Jacobacci ein, die 1934 fertiggestellt wurde. Ingeniero Jacobacci wird direkt von Buenos Aires angesteuert, und das sogar mehrmals wöchentlich. Das hat ihm einen in diesen Breiten unüblichen Bekanntheitsgrad beschert und ein Hotel, das «Argentino». Die Hauptstrecke zielt dann in Richtung San Carlos de Bariloche, während die südliche Strecke durchs Land der *estancias* hinunter nach Esquel verläuft; sie ist mit diesem Ort durch eine wahrhaft altertümliche Dampflok mit dem Baujahr 1927, made in Sachsen, genauer gesagt, in Dresden, verknüpft.

Trencito, kleiner Zug, nennen ihn die Patagonier recht freundlich. Für die Fahrtdauer der 370 Kilometer nach Ingeniero Jacobacci wagt keiner der Menschen in Esquel genaue Zeitangaben, Prognosen sind dafür allerdings reichlich zu haben. Zwischen 14 und 18 Stunden dauert das Geschaukel und Gequietsche, und manchmal erreicht der Trencito sein Ziel überhaupt nicht, dann nämlich, wenn ihn der patagonische Wind mal wieder aus den Gleisen fegt. Der Streckenverlauf richtet sich nach der Lage der *estancias*, deren Personal sich einen Flug nicht leisten kann in diesem wegelosen Land. Natürlich ist auch Militär unter der Trencito-Kundschaft so nahe an der Grenze zu Chile. Es macht sich in der zweiten Klasse breit und heizt sich mit Rotwein aus dem Speisewagen ein; in der ersten Klasse gibt es einen kleinen Holzofen, und der Schaffner erkundigt sich vor Fahrtantritt in aller Herrgottsfrühe, wer das Mittags- und Abendmenü einzunehmen wünscht.

Die Armut an tatsächlichen Nachrichten und Informationen ersetzt der Klatsch und die Vermutung: El Mai-

... und der Spegazzini-Gletscher an einem Seitenarm des Lago Argentino. Das Inlandeis Patagoniens ist die größte Eismasse der Südhalbkugel außerhalb der Antarktis.

tén, welches über eine eigene Bahnstation verfügt, wird von den Mitreisenden wahlweise einem reichen Scheich oder dem Schlagersänger Julio Iglesias zugedacht. Der *trencito* ist also reichlich authentisch.

Zusätzlich zur Eisenbahn sorgte eine weitere Errungenschaft für Anziehungskraft: 1934 wurde ein Nationalpark-Gesetz verabschiedet. Darin wurde formuliert, daß Gebiete von hoher landschaftlicher Schönheit und mit einem Reichtum an landestypischer Flora und Fauna zu schützen, gleichwohl dem Tourismus zu erschließen seien. Besonderen Wert legte man auf die Erhaltung des Regenwaldes der Südkordillere.

Es war früh beschlossene Sache, die Gegend um Bariloche touristisch zu nutzen, denn landschaftliche Schönheit mit einer starken Ausstrahlung und einem ungewöhnlichen Pflanzenkleid wie der Arrayane mit dem zimtfarbenen, spiralig gedrehten Stamm und der Araukarie, die von der Form her die Tanne imitiert, doch anstelle von Nadeln feste grüne Schuppen trägt, war hier ohne weiteres gegeben. *Suiza Argentina*, die argentinische Schweiz, bezeichnete man sie kurzerhand, auch war vom *edén de América* die Rede und vom «König der Seen der Welt», dem Nahuel Huapí.

Zu Chile hin entfaltet sich eine atemberaubend schöne Andenlandschaft mit imposanten Dreitausendern, die, wenn die verwunschenen Pflanzenschleier und die vulkanisch gefärbte Erde nicht wären, tatsächlich an die Alpen erinnern würde.

An Bariloches Image wurde gearbeitet. Nachdem Theodore Roosevelt 1913 den See besuchte, brachte man die politische Prominenz verstärkt in die Region, so den Prince of Wales auf die Luxus-Estancia Huemul, wo man ihm zu Ehren 400 Rinder und Wildschweine für Jagdzwecke das Gelände zerwühlen ließ – von der Erhaltung des Bodens konnte hier keine Rede sein.

Die sechziger Jahre katapultierten Bariloche an die Spitze der argentinischen Urlaubsgebiete. Dabei ist es bis heute geblieben. Besondere Anziehungskraft verleiht Bariloche sein exotisches Äußeres; schon in den dreißiger Jahren verhalf sein «Schweizer» Aussehen mit einem Ensemble von Steinhäusern im britischen Stil dem Ort zur Publizität.

In zunehmendem Maße entdeckt Argentinien aber auch die Schönheit seiner Wildheit, allerdings mit ambivalent zu bewertendem Erfolg. Wem wäre es früher eingefallen, Orte zu besuchen, deren größte Attraktivität in Tierkolonien besteht? Die axtförmige, fast menschenleere Halbinsel Valdés mit ihren Schutzgebieten für Vögel, Seelöwen, See-Elefanten, Pinguine und Wale – den größten in ganz Amerika – in der Nähe von Puerto

Madryn hat beachtlichen Erfolg zu verzeichnen, den die Parkwächter mit gemischten Gefühlen betrachten. Auch hier ist die Umgebung – rauhes, zerklüftetes Land in Wüstenfarben – nicht gerade heimelig. Für die Tiere herrschen trotz geregeltem Besucherzustrom nicht immer paradiesische Zustände: Früher war die Halbinsel begehrter Stützpunkt von Robbenschlächtern, heute werden die See-Elefanten von Fischern gejagt, und die Touristen verhalten sich angesichts der träge in der Sonne faulenzenden Robben oft unwirsch, schließlich haben sie bezahlt und wollen etwas sehen. Die Seh-Gier hat schon einige «Fremdenführer» aus dem Hauptort

Puerto Pirámides auf die schlechte Idee gebracht, Touristen in die Nähe der Seelöwenkolonien zu bringen, um ihnen zu zeigen, wie die Killerwale die Neugeborenen angreifen. (Siehe auch Seite 24.)

DAS LAND DER TRÄUME

Aber eigentlich hat sich in Patagonien nicht viel geändert. Der Río Colorado schirmt damals wie heute den «zivilisierten» Teil des Landes vom südlichen Teil ab.

Wo sich in den ersten Jahrzehnten dieses Jahrhunderts ein überaus spannungsreiches Beziehungsgeflecht zwischen der mächtigen Hauptstadt Buenos Aires und Patagonien herausgebildet hatte und beide mit dem Nimbus versehen waren, einzigartige Erfahrungen bieten zu können, ist heute lediglich die Spannung geblieben. Die Kulturen der Einwanderer haben beide Orte mit ihrem Temperament belebt und sich für immer als Spur in Landschaft und Städtebilder eingraviert, und so wird es wohl auch bleiben. Unverrückbar, es addiert sich nichts Neues hinzu.

Auch wenn die Gesellschaft heute neuen Bildern folgt, sie sich umorientiert hat. Ein wilder Reiter mit 40 000 Schafen im Süden genießt nicht mehr das Ansehen, welches er sich früher auf dem gesellschaftlichen Parkett von Buenos Aires erobern konnte. Mit dem einsamen Leben auf einer *estancia* können sich nur wenige identifizieren, besonders die Frauen nicht, denen ein Leben ohne eine eigenständige berufliche Perspektive nicht besonders attraktiv erscheint. Auf einer *estancia* sind sie Landfrau, und so weit gefächert ihre Aufgaben dort auch gefaßt sein mögen, wieviel Eigeninitiative und Verantwortung ihnen dieser Status auch einbringt, abseits von diesem männlich dominierten Berufsbereich läßt sich nichts organisieren.

Gewaltiger, im Lago Argentino treibender Eisberg. Er stammt vom Upsala-Gletscher, dem größten Gletscher der Welt.

Das Umdenken beruht auch auf wirtschaftlichen Gründen. Die Gesellschaft hat sich polarisiert. Die Begehr, die das Stadtleben mit zunehmend wachsenden ökonomischen Schwierigkeiten – in die Argentinien als ein Land der Dritten Welt genauso geraten war wie alle Länder mit einer kolonialgeschichtlichen Struktur – entfacht hat, blendet Patagonien aus. Die Metropolen stehen in dem Ruf, Arbeitsplätze in einem umfangreicheren Spektrum bieten zu können, die Existenzgrundlage läßt sich unproblematischer absichern. Doch auf dem Land sind die Reichtümer endgültig verteilt, die *latifundistas* (Großgrundbesitzer) schotten sich hinter hohen sozialen Mauern ab und formulieren ihre eigenen Gesetze. Es läßt sich nicht mehr viel bewegen und nicht viel gewinnen in Patagonien, auch wenn seine Größe immer noch viele Spielmöglichkeiten erlaubt. Doch in Zeiten unabgesicherter Ökonomie spekuliert man eben nicht gerne.

Die Konsequenz davon ist, daß das Land im Süden auch sozial anders bewertet wird, es mehr Platz gibt für Ambivalenzen. Man ist nicht mehr stolz auf Gauchos, und von Schafzucht mag die junge Generation nichts mehr hören; sie hat die Nase voll davon, mit diesen Emblemen identifiziert zu werden. Sie orientiert sich lieber an den Bildern Nordamerikas, wie alle Welt sonst auch. Nicht besser und nicht schlechter.

Ein Effekt davon wiederum ist, daß Patagonien genauso geblieben ist wie es war. Die am städtischen Leben interessierte Gesellschaft hat einerseits begonnen, den Süden zu vergessen. Während der Militärdiktatur von 1976 bis 1983 wurden unter Galtieri und Videla Straflager für politische Gefangene in Patagonien einge-

Oben: Das riesige Abflußtal des Perito-Moreno-Gletschers.

Unten: Der Onelli-Gletscher.

Mit der für Gletscherverschiebungen enormen Geschwindigkeit von etwa einem Meter täglich schieben sich die unendlichen Eismassen in den See, wo sich die unaufhaltsam wandernde Eismauer in Steilabbrüche und gigantische, laut tosend ins Meer stürzende Eislawinen und Gletscherbrocken auflöst.

Eine Landschaft wie aus Glas – abweisend und unendlich faszinierend zugleich in ihrer Einheit von Wasser, Eis und Stein. In der Onelli-Lagune.

Die zerklüftete Spitze eines Eisbergs, gleich einer zierlichen, zart bläulich erleuchteten Skulptur vor den düsteren Uferbergen des Lago Argentino.

richtet, später sollte es ein Friedhof für den Abfall der Zivilisation werden, die Müllkippe nicht nur dieser Nation. Aus der Absicht ist nichts geworden.

Andererseits ist die Bedeutung Patagoniens erneut akzentuiert worden, als der erste Präsident nach der dunklen Militärdiktatur, Raúl Alfonsín von der *Union Cívica Radical*, versuchte, im rionegrinischen Viedma die neue Hauptstadt Argentiniens zu etablieren. Das Projekt mußte noch vor Beendigung seiner Amtszeit als gescheitert aufgegeben werden, was nicht nur mangelnde Finanzressourcen zu verantworten hatten. Um die Hauptstadt zu verlegen, braucht es mehr als kräftige Kräne. Der Glanz, der die Metropole Buenos Aires wie eine Aureole einhüllt, läßt sich nicht in die rauhen steinigen Wüsten verfrachten. Und noch dazu in ein solch harmloses stilles Kleinstädtchen wie Viedma, dessen Hauptattraktion die Eissalons an der Uferpromenade des Río Negro sind und man immer denkt, es sei ein schläfriger Sonntag.

Doch dieses Beispiel illustriert, daß Patagonien nicht aufgehört hat, Projektionsfläche für die Argentinier zu sein. Hier wollte Alfonsín (s)einen politischen Neubeginn in Szene setzen, nicht in den nördlichen Provinzen. Damit wäre Patagonien auch in wirtschaftlicher Hinsicht gestärkt worden.

Der Süden, *el sur*, hat von seiner mythischen Faszination eigentlich nichts eingebüßt. Nach den Weltumseglern, den Abenteurern und den europäischen Emigranten haben ihn die Intellektuellen des Landes entdeckt. «Sur» nannten Victoria Ocampo und der Schriftsteller Jorge Luis Borges ihre berühmte kulturpolitische Zeitschrift, die heute noch erscheint. «Sur» hieß einer der Filme des in Europa bekanntesten argentinischen Regisseurs, Fernando Solanas: Der aus einem Straflager im patagonischen Niemandsland zurückgekehrte Held benutzt den Süden als Chiffre für politische und persönliche Freiheit. «Sera posible el sur», vielleicht wird der Süden möglich, betitelte die argentinische Sängerin Mercedes Sosa einen Dokumentarfilm über ihre erste Tournee nach dem Zusammenbrechen der Diktatur. In El Bolsón zwischen Esquel und Bariloche haben sich in den späten sechziger Jahren die ersten Wohnkommunen zusammengeschlossen, um gemeinsam das alternative Leben auszuprobieren.

El Sur, Patagonien, das ist immer noch ein leeres Blatt Papier, das jeden, Bewohner wie Besucher, auffordert, hier seine Geschichte hineinzuschreiben, seine Spur zu hinterlassen. Undomestiziert, eine Oase der Einsamkeit, in der die verrücktesten Erfahrungen ihren Platz haben: immer noch ein Traum.

Die zerklüfteten Abbruchkanten des Perito-Moreno-Gletschers, dessen Eismassen hier unter lautem Tosen und Krachen in zahllose Brocken, Türme und Schollen zerbersten, bevor sie in die eisigen Fluten stürzen, langsam davontreiben und sich allmählich auflösen.

INHALT

Wie ein Gebirge aus Eis: Der Upsala-Gletscher, den man bei einer Fahrt über den Lago Argentino aus unmittelbarer Nähe betrachten kann.

DATEN · FAKTEN · ZAHLEN

LAGE. Patagonien liegt in der Südhemisphäre zwischen dem 42. und 50. Grad südlicher Breite. Mit seinem gesamten Rücken lehnt es an Chile, der Osten wird vom Atlantischen Ozean begrenzt. Im Süden stößt Patagonien an die Magellanstraße; die Provinz Santa Cruz ist die südlichste auf dem argentinischen Festland. Im Norden grenzt es an die Provinzen Mendoza, La Pampa und Buenos Aires.

GRÖSSE. Die Bundesrepublik mit ihren 356 945 Quadratkilometern hätte in Patagonien mehr als bequem Platz. Patagonien umfaßt eine Fläche von 765 720 Quadratkilometern, wobei die Provinz Santa Cruz mit 243 943 Quadratkilometern den ersten Rang belegt; sie ist die zweitgrößte von ganz Argentinien. Dementsprechend beeindruckend sind die Entfernungen: Von Buenos Aires reist man 1567 Kilometer nach San Carlos de Bariloche, von der argentinischen Hauptstadt bis nach Río Gallegos sind es 2639 Kilometer. Zwischen Comodoro Rivadavia und Viedma liegen 892 Kilometer, zwischen Viedma und San Carlos de Bariloche 1238 Kilometer.

VERWALTUNGSSTRUKTUR. Argentinien ist ein föderaler Staat, der vom Präsidenten regiert wird. Die einzelnen Provinzen werden von Gouverneuren geleitet. Patagonien umfaßt vier Provinzen: Neuquén, Río Negro, Chubut und Santa Cruz mit den Hauptstädten Neuquén, Viedma, Rawson und Río Gallegos.

EINWOHNER UND SPRACHEN. Mit einer Einwohnerzahl von etwas über einer Million nach der letzten Volkszählung von 1980 (neuere Daten liegen nicht vor), die auf einer Fläche von ebenfalls gut einer Million Quadratkilometern lebt, ist Patagonien außerordentlich dünn besiedelt, einzig die Provinz Neuquén weist aufgrund ihrer fruchtbaren Böden einen relativ dichten Besiedlungsgrad auf.

Patagonien wurde ursprünglich von über Chile eingewanderten Araukanern und den nomadisierenden Tehuelche sowie verschiedenen Untergruppen bewohnt, doch die *Campaña del Desierto* (1877–1879) unter dem argentinischen Kriegsminister Julio Argentino Roca leitete deren Vernichtung ein. Nur wenige haben diesen Völkermord überlebt. Das hat sich im Bewußtsein festgesetzt: Eine indianische Abstammung zu haben bedeutet für die Argentinier, mit einem Makel behaftet zu sein. Indianische

Sprachen wird man kaum hören. Dann schon eher walisisch: Im patagonischen Raum haben sich aus Europa und aus Chile stammende Einwanderer niedergelassen (siehe dazu Seite 23 f. und 41). Spanisch ist – selbstverständlich für eine spanische Kolonie – die Landessprache.

WIRTSCHAFT. Die bedeutendsten Wirtschaftszweige für Patagonien bilden die Schafzucht, das Erdöl, der Abbau fossiler Brennstoffe und der Tourismus.

LANDSCHAFTLICHE GLIEDERUNG. Das Land läßt sich grob in drei parallel zueinander verlaufende, landschaftliche Formationen gliedern: Im Osten liegt die buchtenreiche, weitgeschwungene Küstenlinie des Atlantischen Ozeans, an der sich auch mehrere der wenigen größeren Städte Patagoniens befinden. Nach Westen folgt das schuttgefüllte Schichtstufenland der Hochebenen, der *mesetas*, woran sich die Anden anschließen. Gestalterisch prägend ist dabei der »Patagonische Schild«, ein Teil des im Erdaltertum noch zusammenhängenden Kontinentalblockes, der durch umfangreiche Senkungsprozesse im Erdmittelalter zerbrach. Ein besonderes Element sind die von Neuquén bis Chubut verlaufenden Patagoniden, ein von den Anden isoliertes, älteres Gebirgssystem mit runden Bergkuppen. Am Fuß der in der Erdneuzeit entstandenen Anden mit ausgeprägtem Hochgebirgscharakter dehnt sich eine waldreiche Seenlandschaft aus.

KLIMA. Entsprechend seiner Lage in einer ausgedehnten, von Nordwesten bis nach Ostpatagonien reichenden Trockenzone hat das Land ein arides bis semiarides Klima mit Niederschlagsmengen unter 500 Millimeter jährlich. Bestimmend für die Klimaverhältnisse ist außerdem der *pampero* aus dem Südwesten, ein starker, trokkener Wind, der polare und subpolare Luft nach Norden führt und heftige Temperaturstürze bewirken kann. Am Andensaum herrscht ein feuchteres Klima.

REISEZEIT. Weil wir uns in Patagonien auf der südlichen Hemisphäre befinden, verhalten sich die Jahreszeiten umgekehrt zu unseren. Die wärmsten Monate sind Dezember bis Februar, die beste Reisezeit liegt zwischen Mitte Oktober und April. Wer Wintersport in San Carlos de Bariloche betreiben will, wählt Juni bis August. Im folgenden sind die durchschnittlichen Temperaturen für Bariloche, El Calafate und Chubut aufgelistet: Im Dezember: 13,8, 12,7 und 14 Grad; im Januar 14,5, 12,8 und 21 Grad; im März 12, 10,5 und 17 Grad; im Juli 2,3, 1,2 und 3 Grad; im September 4,7, 4,8 und 6 Grad.

GESUNDHEITLICHE VORSORGE. Die Gesundheitsämter halten keine besonderen Vorkehrungen für nötig. Die sich in ganz Südamerika ausbreitende Cholera hat bislang hauptsächlich den Norden des Landes erfaßt. Spezielle Schutzmaßnahmen unterliegen also eher der persönlichen Risikoeinschätzung. Das über der Antarktis aufgetretene Ozonloch betrifft in abgeschwächter Form den südlichen Teil Patagoniens. Bisher liegen eindeutige Meldungen nur aus Chile vor, wo die schädlichen Strahlungen zur Erblindung der Schafe und zur Beeinträchtigung der Wachstumsgene bei Pflanzen geführt haben.

ZEIT. Die Differenz zur mitteleuropäischen Zeit (MEZ) beträgt in Argentinien im Winter vier Stunden, während der Sommerzeit fünf Stunden.

EINREISE. Für einen Aufenthalt von bis zu 90 Tagen benötigen Reisende aus Deutschland Österreich und der Schweiz kein Visum. Die Aufenthaltsgenehmigung kann in Argentinien um 90 Tage verlängert werden.

ANREISE

MIT DEM FLUGZEUG. Die argentinische Hauptstadt Buenos Aires wird von den europäischen Fluglinien häufig angeflogen, beispielsweise von Lufthansa, Air France, Alitalia, British Airways, Iberia, KLM. Von deutschen Abflughäfen fliegen auch Varig, Aerolineas Argentinas, United Airlines. Ein Charterverkehr existiert nicht. Die Linienfluggesellschaften gewähren zum Teil beträchtlich ermäßigte Spezialtarife, die an bestimmte Bedingungen geknüpft sind, wie etwa feste Buchungstermine ohne Umbuchungsmöglichkeit, Einhalten von Fristen, auf 60 Tage oder drei Monate begrenzte Gültigkeit des Flugtickets.

MIT DEM SCHIFF. Die Polish Ocean Lines verkehren einmal pro Monat zwischen Hamburg und Buenos Aires, die Reise dauert etwa 25 bis 28 Tage. Eine frühzeitige Buchung ist zu empfehlen. Auskunft erteilt die Hamburg-Süd-Reiseagentur, Nord-Ost-Str. 59–61, 20457 Hamburg, Tel. 040/3705593.

Ein robustes Fahrzeug: Der Bus des Parkwächters im Bosques-Petrificados-Naturpark.

AUSKUNFT

IN DEUTSCHSPRACHIGEN LÄNDERN. Leider gibt es in Deutschland kein Fremdenverkehrsamt von Argentinien. Touristische Informationen kann man aber anfordern oder telefonisch erfragen bei der Abteilung Turismo y Prensa in der Botschaft von Argentinien, Adenauerallee 50–52, 53113 Bonn, Tel. 0228/228010.
Die Anschriften der weiteren Vertretungen lauten: Generalkonsulat, Graf-Adolf-Str. 16, 40212 Düsseldorf, Tel. 0211/324004.
Generalkonsulat, Wiesenhüttenplatz 26, 60329 Frankfurt/Main, Tel. 069/233645.
Generalkonsulat, Kaufinger Str. 7, 80331 München, Tel. 089/263787.
Botschaft von Argentinien, Goldschmiedgasse 2, A-1010 Wien, Tel. 0222/5338463, mit Konsularabteilung.
Botschaft von Argentinien, Jungfraustr. 1, CH-3005 Bern, Tel. 031/443565.
Generalkonsulat, Todistr. 5, CH-8002 Zürich, Tel. 01-201/2032, 2033, 2035.

IN ARGENTINIEN. Centro de Información Turistica, Av. Santa Fé 833, Tel. 3132232.

VERKEHRSMITTEL

BAHN. Argentinien verfügt über das dichteste Eisenbahnnetz Südamerikas, doch diente es im letzten Jahrhundert überwiegend dem Gütertransport und ist daher radial von Buenos Aires aus organisiert. Unter den Personenverkehrsmitteln nimmt die Bahn die geringste Bedeutung ein. Für Patagonien gibt es nur wenige Verbindungen nach Bariloche und Esquel über Ingeniero Jacobacci. Ein besonderes Erlebnis ist eine Fahrt mit dem alten patagonischen Express zwischen Esquel und Ingeniero Jacobacci durch das Estancia-Land am Andensaum. Der Express legt die etwa 370 Kilometer in etwa 17 Stunden zurück.

BUS. Das »ferne Land«, wie der berühmte patagonische Reisebericht von Bruce Chatwin betitelt ist, wird von einem dichten Netz von Busverbindungen mit recht häufigen Abfahrtszeiten überspannt, ist der Bus doch Verkehrsmittel Nummer Eins, wobei die Frequenz zu abgeschiedeneren Orten niedrig ist. Für ausgefallenere Reiseziele und einen gedrängten »Termin«-Plan ist die-

Bei Punta Tombo. Das Auto scheint die zutraulichen Magellanpinguine überhaupt nicht zu stören.

Zu den am schönsten gelegenen Hotels Patagoniens gehört das Llao Llao am Lago Nahuel Huapí vor der großartigen Kulisse der Anden.

ses Fortbewegungsmittel nicht ohne Einschränkungen zu empfehlen. Die Busse sind allgemein in einem guten Zustand. Von verschiedenen Gesellschaften werden Luxusklassen mit Fernsehern und Service an Bord angeboten.

FLUGZEUG. Manchmal geht es gar nicht anders, als sich des Flugzeugs zu bedienen, wobei allerdings zu beachten ist, daß kleinere Propellermaschinen bei dem berühmten patagonischen Wind nicht immer landen können. Vom Inlandsflughafen »Jorge Newberry« im Stadtteil Palermo in Buenos Aires werden folgende Ziele von Aerolineas Argentinas angeflogen: Viedma, Esquel, San Carlos de Bariloche, Trelew, Neuquén, Comodoro Rivadavia, Río Gallegos. Zwischen diesen und weiteren Destinationen wie El Bolsón, Colonia Sarmiento, El Maitén, Puerto San Julián, Perito Moreno, El Calafate, Gobernador Gregores, Puerto Deseado, Río Turbio verkehrt die Militärfluggesellschaft LADE (Lineas Aereas del Estado) im argentinischen Sommer mit einem Flugplan, der nicht immer exakt eingehalten werden kann. Teilweise sind die genannten Orte auch mit Bahía Blanca, Mar del Plata und La Plata, oft mit Río Grande und/oder Ushuaia auf Feuerland verbunden. Tägliche Termine gibt es nur für die bekannteren Ziele wie San Carlos de Bariloche und Esquel. Von Río Gallegos werden zweimal täglich Flüge nach El Calafate angeboten. Anschriften der Fluggesellschaften in Buenos Aires: Aerolineas Argentinas, Paseo Colón 185, 1063 Capital Federal. LADE, Perú 714, 1063 Capital Federal.

MIETWAGEN UND WOHNMOBILE. Autovermietungen befinden sich in Bariloche, Puerto Madryn und Trelew. Längst nicht alle Straßenverbindungen sind asphaltiert. Für die oft mit *ripio*, Schotter, bestreuten Pisten braucht man teilweise ein geländegängiges Fahrzeug, das trifft beispielsweise auch auf die Piste nach Punta Tombo zur Pinguinkolonie zu. Wer den hektischen Verkehr in Buenos Aires gekostet hat, wird die Fahrten auf den einsamen Straßen wie eine Erholung empfinden. Wichtig: Der argentinische Automobilclub ACA, Buenos Aires, Av. Libertador 1850 (im Stadtteil Palermo), stellt gutes – und oft das einzige – Kartenmaterial zur Verfügung und unterhält Pannendienste und Motels auch an mitunter entlegenen Punkten (wie Puerto Pirámides auf der Halbinsel Valdés). Adressen und Unterlagen erhält man bei der Zentrale. Grundsätzlich immer empfehlenswert ist ein gefüllter Ersatzkanister. Die Tankstellen liegen oft Hunderte von Kilometern voneinander entfernt.

ÜBERNACHTEN

HOTELS. Die argentinischen Hotels werden nach einem Sternesystem bewertet, welches eigentlich nach festen Kategorien ausgerichtet sein soll, doch das Land ist groß und die Kontrolle fern … Das gesamte Angebot von First Class bis zur bescheidenen Hütte ist in San Carlos de Bariloche zu finden. In entlegeneren Gegenden wie Colonia Sarmiento, aber auch in der Provinzhauptstadt Río Gallegos, erreicht die höchste Kategorie drei Sterne von fünf. In Comodoro Rivadavia und Río Gallegos kann es wegen der Dauerbelegung der Hotels von Arbeitern schwierig werden, ein Zim-

Junín de los Andes, ein beliebter Ausgangsort für Touren in die umliegenden Berge.

mer zu finden. Beide zählen nicht zu Tourismuszentren und haben daher keine große Bettenkapazität. Zusätzlich zu den Hotels gibt es Residenciales und Hospedajes, einfache Pensionen oder umfunktionierte Wohnungen ohne Hotelbetrieb. Sie werden in A- und B-Klassen unterteilt und sind eine preiswerte und manchmal lohnende Alternative. Der Standard ist im allgemeinen hoch. Im Zimmerpreis ist meist kein Frühstück eingeschlossen.

JUGENDHERBERGEN. Die Jugendherbergen stehen Verbandsmitgliedern bis zu 45 Jahren offen. Zentrale: Asociación de Albergues de la Juventud, Sarmiento 1262, 7. Stock, Buenos Aires.

CAMPING. Wildes Zelten ist offiziell verboten, gewöhnlich wird es aber toleriert, manchmal sogar in den Nationalparks. Die Touristeninformationen haben Listen der Campingplätze. Camping ist für die Argentinier eine ungewöhnliche Art der Urlaubsgestaltung, bevorzugt wird sie eher von europäischen Touristen. Doch mittlerweile erfreut sie sich wachsender Beliebtheit.

ESSEN UND TRINKEN

Es verhält sich so wie im übrigen Argentinien auch: Eine gut gefüllte Fleischplatte stellt den Patagonier am ehesten zufrieden. An exotische Zubereitungen braucht sich der mitteleuropäische Magen nicht zu gewöhnen; die Gewürze sind allerdings ein wenig ausgefallen, man benutzt argentinischen Kümmel, viel Oregano und eine aromatische Soße aus Öl, Kräutern, Knoblauch und Chili (*chimi-churri*) für die Steaks. Die Qualität des Rindfleisches ist selbstredend exquisit, die Portionen meist riesig, die Stücke werden anders geschnitten als bei uns. Zu den Steakvariationen *bife de chorizo*, *baby bife* und *bife de lomo* gesellt sich *asado de tira*, ein Rippenstück. Argentinier sind Grillfans, und auf einer Platte (*parillada*), die zusammen mit dem Tischgrill serviert wird, versammeln sich Innereien vom Darm (*chinchulín*) bis zur Niere (*riñon*), Blut- und Bratwurst (*morcilla*, *chorizo*). Hammel und Lamm werden eher selten gegessen. Mit den Beilagen macht man sich keine große Mühe: Es gibt Pommes frites und Salat. Variationen für einen längeren Aufenthalt: Hühnchen in Soße (oft *a la gallega*, das ist eine Tomatensoße mit Oliven) und Nudelgerichte. Und natürlich Wild und Fisch in der Seenregion der Anden. Gemüse kommt so gut wie gar nicht auf den Tisch. Typische Vorspeisen: die arabisch gewürzten *empanadas* und gegrillter Käse mit einer Schicht frischen Oreganos, die *provoleta*. Die Weine aus den Provinzen Mendoza und San Juan sind, wenn man sie nicht, wie unlängst geschehen, panscht, sehr delikat.

Die Zeiten für das Abendessen liegen für deutsche Verhältnisse recht spät. Vor neun Uhr muß man nicht aus dem Haus gehen, oft wird es gegen zehn erst voll in den Restaurants. Auch das Mittagessen verschiebt sich ein wenig nach hinten, dafür sind für den Morgen keine Änderungen zu verzeichnen, zumindest was die Uhrzeit betrifft. Argentinische Frühstückskultur sieht ein Hörnchen oder einen Toast mit einem Milchkaffee vor, da hat sich die italienische Tradition durchgesetzt. Das Lieblingsgetränk aller ist der Mate-Tee, ein Aufguß aus den Blättern des Yerba-Strauches, dem anregende Eigenschaften nachgesagt werden. Das gemeinsame Trinken wird den Tag über zelebriert wie ein kleines Ritual.

Eine gute Gelegenheit, kulinarische Kleinigkeiten zu genießen, sind die *fiambrerías*, Delikateßgeschäfte, in denen man Snacks und kleine Speisen wie *matambre*, eine gefüllte Kalbfleischroulade, erstehen kann. In Patagonien findet man sie in Esquel und Bariloche.

EINKAUFEN

In Patagonien stehen nicht unbedingt Einkaufsparadiese zur Verfügung, das wird auch niemand erwarten. Unsere Form des Supermarktes ist spärlich vertreten. Man bevorzugt Einzelhandelsgeschäfte. Die Apotheken (*farmacias*) verfügen auch über ein breites Angebot an Drogeriewaren, in den Städten wechseln sie sich mit dem Nachtdienst ab. In den Buchhandlungen (*librerías*) wird man eher Papier bekommen als Bücher.

Río Gallegos hat sich einen Ruf für seine Lederwaren erworben, doch die Qualität ist nicht besonders gut. San Carlos de Bariloche verblüfft mit einer Süßwarenindustrie; wenn man schon die «Suiza Argentina» heißt, dann produziert man eben auch – die für argentinische Verhältnisse seltene und gute – Schokolade (obwohl die chilenische Schokolade noch besser ist).

FEIERTAGE, FESTE UND VERANSTALTUNGEN

Neben den kirchlichen Feiertagen, die jedoch knapper bemessen sind als in der Bundesrepublik – so wird beispielsweise am 26. Dezember sowie am Ostermontag gearbeitet –, gibt es eine Fülle staatlicher Feiertage. Dazu gehören: Jahrestag der Mairevolution: 25. Mai, Malvinas-Tag: 10. Juni, Tag der Nationalflagge: 20. Juni, Unabhängigkeitstag: 9. Juli, Todestag von General San Martín: 17. August, Kolumbustag: 12. Oktober. Wichtig ist, daß häufig eine *puente*, eine Brücke, eingerichtet wird, wenn einer dieser Feiertage auf einen Donnerstag fällt, was bedeutet, daß dann mehrere freie Tage zusammengefaßt werden. Wissen sollte man auch, daß praktisch vom 15. Dezember bis Ende/Mitte Januar die «große» Ferienzeit liegt und in dieser Zeit Behörden langsam arbeiten, Geschäfte und Theater geschlossen sind und die halbe Welt in Urlaub ist.

SPORTMÖGLICHKEITEN

Die Argentinier haben mehrere Sportarten in Patagonien etabliert, die ausländischen Gäste haben weitere dazu entdeckt. Die landschaftliche Vielfalt bietet eine Vielzahl von Sportmöglichkeiten.

SKILAUFEN. San Carlos de Bariloche darf das wichtigste Skizentrum des gesamten Landes genannt werden, auch wenn es seinen Ruf als Exklusivort an Las Leñas abtreten mußte. Das Skigebiet ist dementsprechend gut erschlossen; es zentriert sich um den Cerro Catedral, 20 Kilometer von Bariloche entfernt. Bei Esquel wurde in La Hoya ein weiteres, kleineres Skizentrum geschaffen.

ANGELN. Die Argentinier angeln gerne, und die fischreichen Gewässer in der Präkordillere ziehen auch viel ausländische Kundschaft an. In der weitverzweigten Seenlandschaft in den Nationalparks Nahuel Huapí und Los Alerces darf nur mit behördlicher Genehmigung der Parkverwaltung gefischt werden. Die Angelsaison reicht von November bis März. Wer interessiert ist, kann sich in der Touristeninformation in San Carlos de Bariloche einen Angelführer vermitteln lassen.

WANDERN. Dasselbe gilt für Bergwanderer. Auch hier stellt das Touristenamt Adressen zur Verfügung. El Bolsón hat sich zu einem

Oben: Im Bergland nördlich von San Carlos de Bariloche. – Mitte: Blick über die schmale Meeresbucht Caleta Valdés. – Unten: Am Cerro Catedral befindet sich ein berühmtes Skigebiet.

LEBEN AUF DEN ESTANCIAS

Der Exportschlager des patagonischen Argentinien stammt ursprünglich aus Großbritannien. Zwischen 1885 und 1887 brachten Schotten ihre auf den Malwineninseln gezogenen Schafe, ihre Merinos und Hampshire Downs, in den Süden von Patagonien, und zwischen den Guanakos, den Straußenvögeln, den Pinguinen und Seelöwen entfaltete sich eine Tierkultur, die in ihrer Unbegrenztheit genauso unermeßlich werden sollte wie das Land, das sein Format zur Verfügung stellte.

Die Herden kamen mit den rauhen Wetterbedingungen gut zurecht, die hartfaserigen Sträucher und Polstergräser genügten ihrem Appetit. So ließen sich zwei Bedürfnisse gut verbinden: Die argentinische Regierung brauchte nach den Indianerfeldzügen Siedler für das leergeräumte Land, um Gebietsansprüche gegenüber Chile zu bekräftigen. Europa hingegen war zu klein geworden und zu unsicher, zu arm auch. Glückssucher aus Großbritannien, Italien, Deutschland und dem ehemaligen Jugoslawien begannen sich in der Folge in Patagonien niederzulassen, Herren nicht über Besitz oder Untertanen, sondern über Steine, Wind und Tiere.

Die Monotonie und Größe der Landschaft ließ an Grenzen nicht denken. War ein Hügel abgeweidet, kam eben der nächste dran. Bodenbesitz galt – und gilt – häufig als soziales Statussymbol oder Spekulationsobjekt und erst in zweiter Linie als Produktionsfaktor. Über die ökologischen Nachteile der extensiven Viehwirtschaft zerbrach man sich hier nicht den Kopf.

Patagonien ist wie ein Spiegel, der die heimatlichen Wurzeln der *estancieros* reflektiert. Lebensform wie Hausmobiliar entstammen oft genug noch der Gründer-, der Aufbruchszeit; das färbt ein, und so hat der Wunsch nach unerprobten Erfahrungen nie aufgehört, die Bewohner Patagoniens zu befeuern. Eine eigene Welt ist da entstanden: Die großen *estancias* gleichen eher kleinen Dorfanlagen als Viehbauernhöfen, sie haben eine eigene Schule und eine Kapelle, ihre Häuser sind Museen in eigener Sache, und das Gesetz macht der *estanciero* auch gleich selbst. Die Angestellten werden mit Produkten vom Hof versorgt, für ihre Unterbringung zeichnet ebenfalls der Besitzer verantwortlich. Die *estancias* können Horte der Rebellion sein oder Horte des unverhüllten Faschismus, je nach Geschmack.

Um eine *estancia* führen zu können, braucht man normalerweise nicht viel Personal. Die mittleren Betriebe von 4000 bis 10 000 Schafen kommen mit dem *capataz*, dem Obmann für die gesamten Arbeiten, einem *mécanico*, einem Handwerker, und einigen *peones*, Landarbeitern, aus. Größere Einheiten beschäftigen zusätzlich einen Verwalter, den *mayordomo*, und *puesteros*, Verantwortliche für die Außenstationen im Gelände, die unabhängig arbeiten. Den mitunter frauenlosen Haushalt versorgt eine Köchin, am besten die Ehefrau eines der Angestellten, denn alleinstehende Frauen verursachen eine eigene Dynamik ... Für zusätzliche Arbeiten werden Leute saisonal oder auch nur wöchentlich eingestellt.

Die Kontakte sind informell organisiert. Keinem *estanciero* würde es einfallen, eine Anzeige in einer Zeitung aufzugeben und nach einem Gehilfen zu suchen. Wo auch? Die Nachfahren der Gauchos streifen immer noch im Land umher und bieten ihre Arbeitskraft an. Sie wissen, wann die Zeit gekommen ist für die Schafschur, für das Schafbad, für das Einreiten. Sie finden sich ein.

Heute leben 20 Millionen Schafe auf patagonischer Erde; neben den Wollieferanten Merino Argentina und Merino Australiana sind es der Corriedale und Lincoln, der Hampshire Down und der Karakul, von denen auch Fleisch und Häute verwendet werden. An den Besitzverhältnissen hat sich nichts geändert, noch immer befinden sich 20 Prozent der nutzbaren Fläche in den Händen von *latifundistas*, die nur ein Prozent der landwirtschaftlichen Betriebe stellen. Noch immer breiten handgemalte Schilder und vom starken Wind krumm geblasene *tranqueras*, Zauntore, die die Viehkoppeln voneinander trennen, ihre Spurennetze über Patagonien aus, Wegweiser in einem unwegsamen Land.

Susanne Asal

Die großzügige Einfahrt zur Estancia Anita nicht weit von El Calafate.

Keine estancia ohne Schafe. Die peones, Landarbeiter, treiben die Herde auf die Weide.

Wanderzentrum entwickelt, und hier kann man auch an geführten Touren teilnehmen. Im Nationalpark Los Glaciares in der Provinz Santa Cruz lassen sich faszinierende mehrtägige Ausflüge in die Gletscherwelt der Anden organisieren. Die Landschaft um den malerischen Cerro Fitz Roy im nördlichen Abschnitt des Parks läßt sich gleichfalls erwandern, die dort gelegene Parkverwaltung vermietet Pferde. Unterkunft gewährt eine Hostería.

BADEN. In der nördlichen Provinz Río Negro gibt es einige hübsche Sandstrände, der am südlichsten gelegene Badeort ist Rada Tilly bei Comodoro Rivadavia.

KLEINES GLOSSAR DER TIERWELT

GUANAKO. Die zierliche Schwester des Lamas ist das in den patagonischen Anden lebende Guanako, das eine Höhe von 1,10 Meter erreicht und mit einem löwenfarbigen Haarkleid bedeckt ist. Die Hinterläufe, der Bauch und der Hals sind heller getönt. Die schwer zu zähmenden, scheuen Tiere verstecken sich in den Weiten Patagoniens, und an sehr entlegenen Orten kann man ihnen eventuell begegnen.

HUEMUL. Der Huemul ist ein in den Höhen der Anden lebender amerikanischer Hirsch, den man sehr selten und nur in den Tälern Patagoniens erblickt. Die robusten Männchen haben ein Geweih mit jeweils zwei Spitzen.

KONDOR. Der König der südamerikanischen Lüfte hat mindestens so zahlreiche Legenden entfacht wie der europäische Adler. Der aasfressende «Neuweltgeier» erreicht eine Flügelspanne von 3,6 Meter und ein Gewicht von 11 Kilogramm. Die andine Bergregion bietet ihm Heimat, und er läßt sich bei seinen stundenlangen Segelflügen recht selten blicken.

MAGELLANPINGUIN. Als Thomas Cavendish 1586 die Küsten Patagoniens entlangsegelte, bekam das Tier seinen Namen von einem walisischen Seemann verpaßt: *Pengwyn* bedeutet «weißer Kopf». Die monogamen Tiere mit ihrer charakteristischen Zeichnung kann man in Punta Tombo am besten besehen. Zu bestimmten Zeiten halten sich fünf Millionen Vögel dort im Steilküstenstreifen mit seinen Mulden und Nischen auf. Da sie nicht besonders scheu

Kondor über dem Lago Argentino.

sind, lassen sich die angelegten Wege getrost begehen. Die Magellanpinguine zeigen ein ausgeprägtes Paarverhalten: Das sich zugeneigte Paar tanzt mit aufeinandergelegten Flügeln, die Brutzeit wird von beiden partnerschaftlich ausgerichtet, es gibt richtige «Kindergärten», in denen einige Erwachsene den Nachwuchs bewachen. In den «Schulen» bringt man ihnen das Schwimmen und den Fischfang bei.

Tierparadies Patagonien: Pinguinkolonie an der Punta Tombo.

NANDÚ. Der Straußenvogel mit dem Guaraní-Namen Nandú lebt auf dem gesamten argentinischen Territorium, und viele Indianersprachen haben eine Bezeichnung für ihn, so heißt er in Mapuche *Choique*, in Quechua *Suri* und *Oóiu* in Tehuelche. Er ist den afrikanischen Straußen, den Kiwi und den Emus verwandt. Im Winter kämpfen die Männchen untereinander um die Errichtung ihres Harems, der im Normalfall von sechs Weibchen gebildet wird. Die Jungtiere schlüpfen im Frühjahr. Die Vögel sind scheu, am ehesten wird man sie im tiefsten Patagonien, beispielsweise am Lago Viedma, finden.

PAMPAHASE (MARA). Im zentralen Argentinien und in Patagonien ist der Mara beheimatet. Der Pampahase wird etwa 70 Zentimeter groß und erreicht ein Gewicht von 15 Kilogramm. Die zierlichen Tiere sind stark bedroht; die Jagd hat die Bestände drastisch dezimiert, die Ausbreitung von Vieh- und Weidewirtschaft schränkt ihre natürlichen Lebensräume empfindlich ein. Auch ist ihnen vor 500 Jahren ein scharfer Konkurrent ins Land geschmuggelt worden: der von den Spaniern eingeführte europäische Hase.

PUMA. Menschen attackiert er in der Regel nicht, der amerikanische Löwe, doch die Schaf- und Ziegenherden sind ihm ein willkommenes Angriffsziel, und so haben die heftigen Jagdfeldzüge ihn, der ehemals gesamt Amerika bevölkerte, in gebirgige oder wüstenhafte Landstriche verbannt. Besonders die Weibchen sind extrem aggressiv und gefährlich, solange sie ihre Jungen aufziehen. Schlau und agil, mit einem hervorragenden Geruchssinn und einem ausgezeichneten Gehör ausgestattet, sind sie Einzelgänger und Nachttiere.

PUDU. Von diesem Zwerghirschen gibt es nur zwei Arten: Der Pudu Pudu lebt in Patagonien, der Pudu Mephistopheles in Ecuador und in Kolumbien. Mit seiner Größe von 40 Zentimeter und einem Gewicht von

höchstens zehn Kilogramm ist er der kleinste Hirsch, den es gibt. Er lebt im dichten Unterholz, nicht oberhalb von 1000 Meter, und ernährt sich von zarten Blättern, Wildrosen, Brombeeren und Knospen. Der Lebensraum dieses zierlichen Tieres wird leider durch Wilderer und Waldzerstörung sehr stark bedroht.
Auf der Isla Victoria im Lago Nahuel Huapí befindet sich eine kleine Zuchtstation für Jungtiere dieser Zwerghirscharten.

Die Halbinsel Valdés: Wärterstation (oben), bei Puerto Pirámides (Mitte), Wale (unten).

SCHWARZHALSSCHWAN. *El Cisne de Cuello Negro* ist in Südamerika beheimatet, im Sommer wird man ihn von der Provinz Buenos Aires bis nach Feuerland antreffen, während er im Winter ins Landesinnere und in die wärmeren Gefilde des Nordens flüchtet. Seinen natürlichen Lebensraum bilden Sümpfe und Lagunen, in denen er sich von Pflanzen und Insekten, von Mollusken und Krustentieren ernährt. Die graziösen Schwarzhalsschwäne pflegen nicht in Schwärmen zu fliegen, lediglich bei ihrer Migration in den Norden kann man sie in einer Dreiecksformation gleiten sehen.

SEE-ELEFANT. Der letzte kontinentale Stützpunkt der See-Elefanten befindet sich auf der patagonischen Halbinsel Valdés, alle weiteren Kolonien liegen auf entfernten Inseln im Südatlantik, im Indischen und im Pazifischen Ozean. Die bis zu vier Tonnen schweren Männchen bilden zu Beginn des Winters quasi die Vorhut vor der Ankunft ihrer schwangeren Weibchen, die hier ihren Nachwuchs gebären. Während der Dauer des Aufenthaltes sind die Weibchen von männlichen Junggesellen bedroht, die sich mit den etablierten «Sultans» aggressive Kämpfe liefern und deren Neugeborene entführen. Einmal pro Jahr kommt es bei den See-Elefanten zu einem Haarwechsel, und in dieser Periode bleiben sie an Land. Um sich vor den austrocknenden Strahlen der Sonne zu schützen, bewerfen sie sich gegenseitig mit feuchtem Sand.

SEELÖWE. Die Seelöwen wird man an der gesamten Atlantikküste antreffen. Die gutmütigen und menschenfreundlichen Tiere sind immer wieder gejagt und getötet worden; daher hat die Caleta Oliva in der Provinz Santa Cruz ihren traurigen Ruf als Robbenschlachtplatz. Seelöwen kann man in mehreren Kolonien bestaunen, die bekanntesten liegen an den Küsten der Halbinsel Valdés (siehe Seite 76).

WAL. Pünktlich zum Winterende taucht der *Ballena Franca Austral* vor den Küsten Patagoniens auf; berühmt ist die Paarung dieser Tiere vor der Halbinsel Valdés. Ein Jahr dauert die Tragezeit; und zwischen August und September werden die Jungen geboren. Die Weibchen überwachen den Nachwuchs gemeinschaftlich ein weiteres Jahr. Der Wal liebt die Gesellschaft der Seelöwen und der Delphine, zu seinen natürlichen Feinden zählt der *orca*, der «Killerwal», der dem plumpen Nachwuchs nachstellt und ihn vernichtet.

FOTOTIPS

Aus der staubfreien Luft Patagoniens resultiert ein klares und zur Mittagszeit sehr hartes Licht. Die beste Tageszeit zum Fotografieren ist deshalb im Sommer früh morgens von 6 bis 8 Uhr; abends bekommt man etwa zwei Stunden vor bis eine Stunde nach Sonnenuntergang die schönsten Bilder.

Der oft heftige Wind erfordert ein wirklich stabiles Stativ. Auf den langen, anstrengenden Fahrten durch Patagonien verpackt man die Ausrüstung am besten staubsicher in einen Plastiksack und polstert sie stoßsicher auf dem Rücksitz.
Die unendliche Weite der urtümlichen Landschaft stellt man am besten mit einem Weitwinkelobjektiv und sehr hohen oder niedrigen Horizonten dar: Charakteristische Wolkenformationen, Windräder, Schuppen und Zäune bilden Fixpunkte in der Unendlichkeit.
See-Elefanten- und Seelöwenherden fotografiert man mit viel, viel Geduld, langsamem «Anpirschen» und Respekt vor der «Privatsphäre» der Tiere sowie vor den durchaus ernstzunehmenden Anweisungen der Wildhüter. Vom Weitwinkel, in das mancher Pinguin förmlich hineinkriecht, bis zum 200-mm-Teleobjektiv für «Porträts» sind alle Brennweiten nützlich.
Argentiniens Menschen sind freundlich und sagen bestimmt nicht nein, wenn Sie sie fotografieren möchten. Doch nach Erlaubnis fragen sollte man schon.
Der gleißenden Helle der Eisberge begegnet man am besten mit leichter Überbelichtung. Bei hohem Sonnenstand benötigt man einen UV- oder Skylight-Filter; jedoch erst bei niedrigem Sonnenstand oder in der Zeit kurz nach einem Regenschauer kann man die ins Eis gezauberten herrlichen Farben und Lichtstimmungen einfangen. Anhand von mit dem Teleobjektiv isolierten Details läßt sich die phantastische Atmosphäre oft noch verdichten.

Erdöl-Pumpe (oben), Leuchtturm an der Punta Delgada (Mitte), Wildpferde (unten).

SEHENSWERTE ORTE UND LANDSCHAFTEN

Ziffern im Kreis verweisen auf die Karte auf Seite 61, kursive Ziffern auf Abbildungen.

BOSQUES PETRIFICADOS JOSÉ ORMACHEA. Siehe Seite 75.

CARMEN DE PATAGONES (Provinz Río Negro) ①. Die älteste spanische Gründung auf patagonischem Boden (1779) liegt malerisch aufgetürmt am Ufer des fruchtbaren Río Negro genau gegenüber von Viedma. Im Jahr 1827 war Carmen de Patagones Ziel einer brasilianischen Invasion, die die aus dem spanischen Maragatería abstammenden Maragatos erfolgreich abzuwehren verstanden. Seine rauhe und oftmals brutale Vergangenheit als Strafkolonie spiegelt sich mitnichten im ruhigen, freundlichen Stadtbild (14 000 Einwohner) wider, welches vom *Torre del Fuerte*, dem ehemaligen Glockenturm der ersten Kathedrale, und von der Kirche selbst dominiert wird.

COLONIA SARMIENTO (Provinz Chubut) ②. Ein rauhes, flaches, 1897 gegründetes Örtchen (6500 Einwohner) zwischen den Seen Musters und Colhué Huapí, das von der Landwirtschaft lebt. Zu sehen gibt es für den notorischen Museums- und Kirchenbesucher rein gar nichts; erlebenswert ist allenfalls die spezifisch trotzige Alltagsatmosphäre und die Begegnung mit einem landwirtschaftlichen Zentrum.
Ausflüge zu den versteinerten Wäldern *Bosques Petrificados José Ormachea* (siehe Seite 75) bieten sich an.
Die Hostería Los Lagos, Roca/Alberdi, ist recht schlicht, aber das beste Hotel am Platz (mit Restaurant). Busverbindungen gibt es nach Comodoro Rivadavia, Esquel und San Carlos de Bariloche.

COMODORO RIVADAVIA (Provinz Chubut) ③. Als Verschiffungshafen für die landwirtschaftlichen Produkte vom 156 Kilometer entfernten Colonia Sarmiento 1901 gegründet, startete Comodoro Rivadavia bald in eine steilere Karriere. Auf der Suche nach Wasser fand man 1907 Erdöl. Diese Einnahmequelle bestimmt ausdrücklich das Bild der auf Hügeln verteilten Stadt, und langfristig hierbleiben möchte wohl auch keiner der 100 000 Einwohner, jedenfalls hat

Die üppige Vielfalt der Pflanzenwelt ist kennzeichnend für die vorandine Region Patagoniens.

sich Comodoro Rivadavia eine gewisse improvisatorische Färbung bewahrt. Auch hier herrscht für den Kunstliebhaber Fehlanzeige; der, dem das Anschauungsmaterial in der Umgebung nicht reicht, kann in einem Museum der Erdölgesellschft YPF (*Yacimientos Petrolíferos Fiscales*) gegenüber der Förderanlage Astra der Geschichte des Erdöls auf die Spur kommen.
Hotels sind in mehreren Kategorien vorhanden, die preiswerteren Unterkünfte allerdings häufig mit Arbeitern der Erdölgesellschaften dauerbelegt. Empfehlenswert: Hotel Austral, Rivadavia 190; Hotel Comodoro, 9 de Julio 770.
Restaurants: Mesón Español, San Martín 674; Mundial, Belgrano/Rawson; Mar del Plata, San Martín 1063. Die beiden letzteren sind auf Fisch und Meeresfrüchte spezialisiert, das erste ist ein stimmungsvoll eingerichtetes Grillrestaurant.
Comodoro Rivadavia wird von Aerolineas Argentinas (San Martín 421) angeflogen. Busverbindungen werden von verschiedenen Gesellschaften nach Buenos Aires, Mendoza, Puerto Deseado, Puerto San Julián, Río Gallegos, Puerto Madryn, Rada Tilly und El Bolsón angeboten. *69*

DOLAVON (Provinz Chubut) ④. Etwa 20 Kilometer von Gaiman entfernt befindet sich das hübsch verschlafene Dolavon, eine walisische Gründung aus dem Jahr 1919. Anders als in Gaiman hat man sich hier auf die Viehzucht und Milchproduktion spezialisiert, und so wird zu dem berühmten walisischen Tee mit Vorliebe der hausgemachte Käse serviert. Ein Spaziergang durch den Ort erschließt dem Besucher das Miteinander walisischer bäuerlicher Tradition und moderner Architektur.

EL BOLSÓN (Provinz Río Negro) ⑤. Unter den Argentiniern hat sich das in einem weitgestreckten Tal gelegene El Bolsón zwischen Andenpanorama und dem Piltriquitrón-Massiv als Hippie-Refugium einen Namen gemacht, obwohl davon, wie Eingeweihte berichten, kaum noch etwas übriggeblieben ist. Die Kommunen finden sich sowieso nicht im Ort, sondern eingestreut in die fruchtbaren Hänge. Einige Aussteiger sind allerdings geblieben und verdienen sich mit hübsch gestalteten kleinen Pensionen ihr Auskommen. El Bolsón mit seinen 12 000 Einwohnern existiert noch nicht lange als argentinische Stadt; zunächst zählte es zum Herrschaftsgebiet der Mapuche, dann kamen deutsche Siedler über die Anden aus Chile auf der Suche nach neuem Grund. Sie legten mitten im kühlen dschungelhaften Wald ihre Hopfenfelder an und bescherten dem Valle Nuevo, wie El Bolsón ursprünglich hieß, ein alljährlich stattfindendes Bierfest. Weitere Lebensgrundlagen bilden heute der Nuß-, Apfel- und Kirschanbau sowie die Erdbeerplantagen. El Bolsón ist ein stiller, heiterer Ort mit einer kleinen, beschaulichen touristischen Infrastruktur und bietet sich vor allem als Standort für Ausflüge in die schöne andine Umgebung an. Im Ort kann man die Artesanía-Geschäfte mit indianischem Kunstgewerbe, Hopfenfelder, Lachsfarmen und Marmeladenfabriken besuchen.
Wanderausflüge lassen sich von der Touristeninformation (an der Plaza España) aus organisieren. Ausflüge bieten sich an zum *Cabeza de Indio* und *Río Azul*, zur *Cascada Escondida*, zum *Cerro Amigo* und zum *Cerro Piltriquitrón*.
Hotels: Hotel Cordillera, Hernández/San Martín. Eine hübsche Hostería ist die Posada de Hamelín, Intendente Granoller.

Ferienhaus am Perito-Moreno-Gletscher.

Restaurants und Confiterías sind hauptsächlich auf der Hauptstraße Avenida San Martín zu finden.
Flüge mit LADE gibt es im argentinischen Sommer nach Esquel, San Carlos de Bariloche, Colonia Sarmiento, El Maitén und Río Gallegos. Busverbindungen gibt es nach Comodoro Rivadavia, Esquel und San Carlos de Bariloche.

EL CALAFATE (Provinz Santa Cruz) ⑥. Calafate am Ufer des schönen, stillen Gletschersees Lago Argentino mit seinen berühmten Schwarzhalsschwänen versteht sich als Ausgangspunkt für Exkursionen in die fas-

ULRICH ENCKE, geboren 1943 in Remscheid, war von 1984 bis 1987 als ARD-Korrespondent für Südamerika in Buenos Aires. Im folgenden Textauszug schildert er eine abenteuerliche Busfahrt durch das stürmische Patagonien:

BEGEGNUNG MIT DEM HORIZONT

Eine Busfahrt durch Patagonien

Die Straße gleicht einem Waschbrett. Nur Rinnen und Schlaglöcher. Schlaglöcher? Es sind Krater, die sich da auftun, tiefe Mulden, die der Bus schwankend wie ein Schiff in den Wellentälern des patagonischen Ozeans passiert. Doch es gibt keinen patagonischen Ozean. Es gibt nur dieses endlose, flache Land, ohne Busch, ohne Baum. Dann und wann erhebt sich am Horizont eine Meseta, eine kleine Gebirgskette: abgeflachte Tafelberge mit scharfen Seitenkanten, die aussehen, als seien sie mit dem Messer aus der Landschaft geschnitten worden.

Sonst bietet sich dem Auge keine Abwechslung. Vor uns dehnt sich die endlose patagonische Weite – eintönig, rauh, sturmumtost. Nach gut drei Stunden Fahrt kündigt eine hohe Staubfahne am Horizont das erste entgegenkommende Fahrzeug an. Eine halbe Stunde vergeht, bis man aneinander vorbeifährt, eine weitere halbe Stunde lang erinnert eine Staubwolke im Rückspiegel daran, daß da ein Auto, daß da andere Menschen waren. Danach scheint der Bus wieder allein in der weiten Ebene, in der es nur Steine und stacheliges Gras gibt. Und natürlich Schafe, sehr viele Schafe sogar im dicken Wollpelz. Sobald sich der rumpelnde Bus nähert, stieben sie in panischer Angst nach allen Seiten davon. [...] Draußen tobt unermüdlich der patagonische Sturm. Er gehört zu dieser Landschaft wie der unermeßliche Himmel. Wir befinden uns in der geographischen Breite der *roaring forties* und der *screaming fifties*, der »brüllenden Vierziger« und »kreischenden Fünfziger«, wie die Seefahrer die sturmgepeitschte Gegend nennen. Man kann den Wind nur ahnen, spüren oder gar hören kann man ihn nicht. Das Rattern der Buskarosserie übertönt alles; es erstickt jedes Gespräch während der Fahrt. Kaum jemanden stört das: Patagonien ist kein gesprächiges Land. Das rauhe Klima, die unwirtliche Landschaft und die Einsamkeit haben die Menschen geprägt, haben sie wortkarg gemacht. Wer die Begegnung sucht, die Einsamkeit scheut und einer staubigen Trostlosigkeit nichts abgewinnen kann, sollte erst gar nicht nach Patagonien fahren. Und wem eine abenteuerliche Reise ans Ende der Welt vorschwebt, der ist ebenfalls in der falschen Richtung unterwegs.

Die weitgehend unberührte Strauch- und Grassteppe Patagoniens hat nichts Aufregendes zu bieten, nichts verändert sich hier, nicht einmal der Wind. Staubfahnen und zerzauste Grasbüschel zeigen an, daß auch an diesem Tag der Sturm von Westen, von der Kordillere der Anden her bläst.

Weite, wohin man nur schaut: auf der Halbinsel Valdés (oben) oder nahe der chilenischen Grenze bei Cancha Carrera (unten).

Bei El Calafate am Lago Argentino (oben) liegt die Estancia Altavista (Mitte und unten rechts). – Ein typischer Tea Room in Gaiman, wo man walisische Kekse zum Tee serviert bekommt (unten links).

zinierende Gletscherumgebung der Anden. Ein funktionaler Ort mit ein wenig Pionier-Abenteurer-Atmosphäre, und trotz der Nähe zu dem spektakulären *Parque Nacional Los Glaciares* mit dem Perito-Moreno-Gletscher bei weitem nicht so touristisch entwickelt wie San Carlos de Bariloche oder, in geringerem Maße, Esquel.

Die Reisebüros bieten recht standardisierte Touren in den Parque Nacional Los Glaciares an. Die aufsehenerregendsten Ziele sind selbstverständlich der Perito-Moreno-Gletscher und eine Bootsfahrt von Puerto Bandera zu den Gletschern Upsala, Onelli und Spegazzini (siehe Seite 76).

Um den 6,6 Grad kalten grünen Gletschersee *Lago Argentino* mit seinen weiten Buchten und kleinen Inselchen und der typischen abundanten Vegetation kann man Spaziergänge machen, genauso wie zur *Laguna de los Cisnes*, die bereits zum Nationalpark gehört. An den Ufern des Río Calafate kann man picknicken. In nördlicher Richtung an Erdbeerfarmen vorbei gelangt man an eine Schwarzhalsschwan-Lagune.

Fitz Roy: Die Fahrt zum Cerro Fitz Roy im nördlichen Teil des Nationalparks Los Glaciares wird von Calafate aus nur bei geeigneten Wetterbedingungen (November bis März, im argentinischen Sommer) unternommen, da die 200 Kilometer lange Verbindung nicht asphaltiert, sondern nur mit Schotter belegt ist. Dabei wird der ebenfalls eindrucksvolle *Lago Viedma* umfahren, an dessen Westrand sich einige Schutzhütten für Wanderer befinden. Es gibt Parkwächterstationen, eine Hostería und die Möglichkeit, Pferde für kleinere Ausflüge auszuleihen.

Hotels: Posada Hotel Los Alamos, Moyano/Bustillo; Michelangelo, Moyano/Espora. Es gibt auch Privatunterkünfte. Restaurants: Die Posada Los Alamos, das ACA-Motel auf der Libertador 1363 und das Hotel Kau Yatun auf der 25 de Mayo haben Speisesäle. Confiterías (Cafés) und Parillas (Grillrestaurants) findet man auf der Hauptstraße Libertador. Dort gibt es auch Kunstgewerbeläden mit indianischen Produkten.

Flugverbindungen werden nach Río Gallegos, Río Grande und Ushuaia auf Feuerland sowie Río Turbio angeboten. *12/13*

ESQUEL (Provinz Chubut) ⑦. Eine richtige kleine, prosperierende Stadt mit 27 000 Einwohnern hat sich da seit ihrer Gründung durch walisische Emigranten am Anfang dieses Jahrhunderts am Fuß der Anden etabliert. Verkehrsverbindungen sind rar,

Oben: Traumziel vieler Bergsteiger: Cerro Fitz Roy (rechts) und Cerro Torre (links) im Südwesten Patagoniens. – Unten: Fahrt über den Lago Argentino zum Upsala-Gletscher.

recht gut ausgebaut ist die Straße nach San Carlos de Bariloche und eine große, quer durch das patagonische Schichtstufenland nach Comodoro Rivadavia führende Straße, ansonsten umgibt das weglos scheinende Land der Estancieros die Stadt Esquel. Seine Nähe zum *Parque Nacional Los Alerces* (35 Kilometer) und zu dem (noch bescheidenen) Skizentrum La Hoya hat eine touristische Infrastruktur erblühen lassen. Es gibt hier nichts Außergewöhnliches zu sehen oder zu berichten, aber Esquel ist eine angenehme, liebliche und geruhsame Urlaubsfrische, von der aus man auch nach Chile (Futaleufú, über den Paso de los Cipresses, offen nur von November bis April) aufbrechen kann.

Eine besonders schöne, aber auch besonders langwierige Form, das Estancia-Land kennenzulernen, ist eine Zugfahrt mit dem dampfbetriebenen *trencito* nach Ingeniero Jacobacci (370 Kilometer, 14–18 Stunden).

Für eine ausgedehntere Entdeckungstour durch den Parque Nacional Los Alerces empfiehlt sich ein mehrtägiger Aufenthalt (siehe Seite 75 f.), es gibt dort Hotels und Campingplätze, doch sollte man sich beim hilfsbereiten Personal des Fremdenverkehrsamtes in Esquel, Av. Fontana/Av. Alvear, erkundigen, ob sie geöffnet sind.

La Hoya ist in einer halbstündigen Fahrt zu erreichen und kann von Juli bis Oktober mit Schnee aufwarten. Es gibt sechs Aufstiegshilfen, Skischulen sowie einige Hotels und Snackbars.

Der 1971 geschaffene Nationalpark *Parque Nacional Lago Puelo* gehörte zunächst zum Areal des heute südlich sich anschließenden Parque Nacional Los Alerces und ist weniger erschlossen als seine Nachbarn im Norden und Süden. Die grünblauen Wasser sind mit dem gleichnamigen See auf chilenischer Seite verbunden, der wiederum in den Pazifik einfließt. Bedeutsame Vegetationsformen hat Lago Puelo nicht aufzuweisen, außer dem Guevin-Strauch, einer Art wilder Haselnuß. Der glaziale Ursprung sorgt für landschaftliche Vielfalt, was den Nationalpark zum interessanten Ziel für Abenteuertouristen macht.

Hotels: Hotel Tehuelche, 9 de Julio 961; Hotel Vascongada, 9 de Julio/Mitre; eine preiswerte Hostería ist das Huentru Niyeu, Chacabuco 606.

Restaurants: La Tour D'Argent, San Martín 1063; La Estancia, 25 de Mayo 549, eine der typischen Parillas (Grillrestaurants).

Flugverbindungen bestehen durch LADE und Aerolineas Argentinas nach Buenos Aires, Comodoro Rivadavia, Río Gallegos, El Bolsón, El Maitén, Puerto San Julián und San Carlos de Bariloche. Mit dem Bus erreicht man Buenos Aires, Comodoro Rivadavia, El Bolsón, Futaleufú (Chile), Puerto Madryn, San Carlos de Bariloche, Trelew und Trevelín.

GAIMAN (Provinz Chubut) ⑧. Beschauliches, dörfliches Europa in Patagoniens rauher Wildheit, so ließe sich das hübsche

Gaiman beschreiben. Es ist eine der frühesten walisischen Gründungen und durch eine gut ausgebaute Straße mit Trelew verbunden. Sie führt 20 Kilometer lang durch eine blühende Kulturlandschaft entlang dem Río Chubut, mit Obstplantagen, Kartoffel- und Getreidefeldern. Ein weiterer wichtiger Einkommenszweig für das rural bestimmte Gaiman sind die Té-Galés-Gesellschaften – der walisische «High Tea» wird für ausländische und argentinische Gäste zu einem stolzen Preis zelebriert. Hinter Rosenhecken verbirgt sich in einem der typischen Ziegelbauten das *Museo Regional* (28 de Julio 705, geöffnet 15.00–18.30 Uhr) mit Zeugnissen der walisischen Erstbesiedlung wie Möbeln, Kleidung, Zeitungen, Fotos, Arbeitsgeräten. Seinen Namen verdankt das 1874 angelegte Gaiman übrigens den Mapuche: Gaiman bedeutet «Steinschleifer» in der indianischen Sprache.
Nach Trelew werden von hier aus häufige Busverbindungen angeboten. *72, 74*

Die Stadt Gaiman im Chubut-Tal, eine der ältesten walisischen Gründungen in Patagonien.

GOBERNADOR GREGORES (Provinz Santa Cruz) ⑨. Hier haben wir es mit einer der charakteristischen patagonischen Kleinstädte (1600 Einwohner) zu tun, die in ausgeprägter Distanz zueinander das Land der Schaffarmen sprenkeln und diesen als Versorgungsstationen dienen. Es gibt in dieser Stadt absolut nichts zu sehen, doch dafür kann man die ganz spezifische Atmosphäre erleben, die dieser Abkapselung innewohnt. Der starke Wind zerrt an den wenigen Pappeln, und die Übernachtungsgäste der beiden mit Sperrholz möblierten und mit stockfleckigen Teppichen belegten Hotels sind zumeist im Handel tätig.
Gobernador Gregores ist über LADE mit südpatagonischen Orten wie Río Gallegos, El Calafate und Perito Moreno verbunden.

INGENIERO JACOBACCI (Provinz Río Negro) ⑩. Auch Ingeniero Jacobacci ist in seiner Müdheit typisch patagonisch. Bevor es den Namen des Italieners verliehen bekam, der 1910 für den Eisenbahnbau zwischen San Antonio Oeste an der Atlantikküste und San Carlos de Bariloche verantwortlich zeichnete, hieß es einfach Pueblo Viejo – warum, weiß eigentlich niemand –, dann begann der Zustrom der Libanesen und Basken einzusetzen. Diese Eisenbahnstrecke genießt immer noch Bedeutung, und seit man die Fahrt mit der alten Dampflok zwischen Esquel und Ingeniero Jacobacci als Touristenattraktion empfiehlt, lernen auch immer mehr Fremde diesen spröden Ort kennen.
Im Hotel Argentino gegenüber dem Bahnhof findet man sowohl Unterkunft als auch ein Restaurant.
Von Esquel verkehrt zweimal wöchentlich der Zug nach Ingeniero Jacobacci. Von dort geht es moderner weiter nach San Carlos de Bariloche und Buenos Aires.

JUNÍN DE LOS ANDES (Provinz Neuquén) ⑪. Das ehemalige Fort, das 1883 gegen die Einfälle der Huilches gebaut wurde, wird verstärkt von Touristen besucht, weil es sich als bequemes Standortquartier für Erkundigungsausflüge in den *Parque Nacional Lanín* anbietet. Mit seinem milden Klima in 773 Metern Höhe liefert es eine idyllische Sommerfrische für Angler, Wanderer und natürlich Bergsteiger. Der Namensgeber des Nationalparks ist übrigens ein wahrhaft märchenhafter Anblick: Eingerahmt von hübschen Gebirgsseen erhebt sich der Vulkan Lanín im nahezu perfekten Schnitt hinauf zu imposanten 3776 Metern. Für seine Besteigung gibt es zwei Routen, die südliche ist nur mit Führer und für geübte Kletterer möglich.
Die Hostería Paimún und die Hostería San Huberto bieten bequeme und angenehme Unterkünfte. Die Hostería Chimehuín (Suárez/25 de Mayo) ist der Lieblingsaufenthalt der Angler und hat ein empfehlenswertes Restaurant.
Regelmäßige Busverbindungen bestehen nach San Carlos de Bariloche, San Martín de los Andes, Neuquén. *29, 33, 64*

In Junín des los Andes, eine der typischen liebenswert-verschlafenen patagonischen Kleinstädte.

Im Nationalpark Lanín im Norden Patagoniens, der vor allem wegen seiner Angel- und Jagdmöglichkeiten bekannt ist.

MONUMENTO NATURAL BOSQUES PETRIFICADOS JOSÉ ORMACHEA (Provinz Chubut) ⑫. Von Colonia Sarmiento erreicht man nach 30 Kilometern die Versteinerten Wälder José Ormachea, eine seltsame Schönheit, die aus der Zeit der Auffaltung der Anden vor 65 Millionen Jahren stammt. Damals war Patagonien noch mit riesigen Araukarienwäldern bedeckt.

Der geologische Formungsprozeß mit Ascheregen und mineralischen Niederschlägen führte allmählich zur Versteinerung des Baumbestandes. Durch die starke Erosion und die sich bewegende Erdkruste gelangten die petrifizierten Stämme schließlich wieder an die Oberfläche. Und so findet man heute zwischen den Ketten erzgetönter kahler Berge einen mit Holzsplittern übersäten Grund und wie von einem Riesen weggeschleuderte Stümpfe. Die Farbenpracht der Wüstentöne, in die die gesamte Landschaft eingetaucht ist, sorgt für weitere Attraktion. Diese versteinerten Wälder sind ein landschaftlicher Höhepunkt Patagoniens, sie sind über Colonia Sarmiento mit einem Taxi zu erreichen. *10/11, 42/43, 44, 45, 47, 48/49, 62*

PARQUE NACIONAL LOS ALERCES (Provinz Río Negro) ⑬. Der 1937 gegründete Nationalpark umfaßt 187 000 Hektar, das angeschlossene Naturschutzgebiet bedeckt eine Fläche von 75 500 Hektar, die Minimal- und Maximalhöhen variieren von 500 Meter (Lago Futalaufquen) bis 2253 Meter (Cerro Torrecillas). Es herrscht ein kühles, gemäßigtes und feuchtes Klima, dessen Jahreszeiten sich deutlich unterscheiden. Die Winter sind regnerisch, und es kann zu ergiebigen Schneefällen kommen. Die Sommer sind trocken und warm, die Nächte bringen meist stärkere Abkühlung.

Die landschaftliche Attraktivität des Nationalparks liegt in dem reizvollen Neben-

In der Nähe des Wasserfalls Cascada Los Alerces südlich von Bariloche.

einander von hohen Berggipfeln, dichten Wäldern mit einer üppigen, fremdartigen Vegetation, schroffen Felswänden, Gletschern und den zahlreichen Gewässern in den zarten, milchigen Grünblautönen von Gletscherseen. Gestalterisches Element bilden die andino-patagonischen Wälder, die man als «Regenwälder der gemäßigten Breiten» bezeichnet. Zu den Besonderheiten zählen die Myrtenart Arrayane mit leuchtend zimtfarbenem, spiralig gewundenem Stamm und wunderschönen weißleuchtenden Blüten, die man häufig an den Seeufern antrifft, die Fuchsie, die wir aus unseren Balkonkästen kennen, die Eskallonie, die Mosquetrose sowie Orchideen- und Liliengewächse.
In Futaleufquén stehen ein Informationszentrum, Werkstätten und Lebensmittelläden zur Verfügung. Der Park ist mit drei Hotels und mehreren Campingplätzen ausgestattet, es gibt angelegte Lehrpfade. Fürs Angeln in den fischreichen Gewässern ist eine besondere Erlaubnis nötig, die man bei der Parkverwaltung anfordern kann.

PARQUE NACIONAL LOS GLACIARES (Provinz Santa Cruz) ⑭. Im äußersten Südwesten des patagonischen Festlandes befindet sich einer der unbestrittenen landschaftlichen Höhepunkte des an Schönheit nicht armen Argentiniens, der 1965 geschaffene Nationalpark *Los Glaciares* mit einer Ausdehnung von 600 000 Hektar. Fast parallel zueinander angeordnet bedecken die beiden riesigen Gletscherseen Lago Argentino (1560 Quadratkilometer) und Lago Viedma in den typischen opalen Grün- und Blauschattierungen das Entree zu einer Gletscherlandschaft von einem nahezu unwirklichen Zauber. Los Glaciares gehören zu der größten zusammenhängenden Eismasse nördlich der Antarktis (22 000 qkm), deren 300 Gletscher sie umschließen. Der größte von allen, *Glaciar Upsala*, zählt mit 595 Quadratkilometern zu den umfangreichsten Gletschern der Welt, der Gletscher Perito Moreno ist der einzige, der sich in einen See, den Lago Argentino, vergrößert und kalbt. Zu diesen Superlativen gesellt sich die Attraktivität der subantarktischen Gestaltung aus Wald- und Steppenlandschaften: Im Norden zeigt der Cerro Fitz Roy sein charakteristisch gezacktes Profil, die dicht bewaldeten Bergwände (Lenga, Zedern, Zypressenarten, Coihue, Nire) und Wiesen sind von einer formenreichen Pflanzendecke überzogen. Zur vielfältigen Tierwelt gehören Puma, Guanako, Straußenvogel, Rot- und Graufuchs, Schwarzhalsschwan, Kondor und Mora-Adler.
Der Park ist auf Gäste eingerichtet. El Calafate, 40 Kilometer vom Parkeingang entfernt, ist mit Bus und Flugzeug bequem zu erreichen; Reiseveranstalter im Ort bieten verschiedene Touren an, darunter Ganztagesausflüge zum Perito-Moreno-Gletscher und Bootsfahrten zu weiteren Gletschern. Der Park ist mit zwölf Schutzhütten bestückt, die allesamt in Gletschernähe anzutreffen sind. Ausführliche Wanderkarten, Informationsmaterial über Flora und Fauna sowie die Möglichkeit, an geführten Wanderungen teilzunehmen, bieten die Parkwächterstationen an. In Calafate trifft man auf eine befriedigende Hotellerie und Gastronomie. *2/3, 4/5, 50, 52, 53, 54, 55, 56/57, 58, 59, 60, 73*

Allein schon wegen der Pflanzenwelt lohnt der Südwesten Patagoniens einen Besuch.

PENÍNSULA VALDÉS UND PUERTO PIRÁMIDES (Provinz Chubut) ⑮. Die 53 Kilometer von Puerto Madryn entfernte Halbinsel (Península) Valdés wirkt fast wie eine «richtige» Insel: Ein schmaler Landsteg verbindet sie mit dem Festland, im Norden und im Süden haben der Golfo Nuevo und der Golfo San José große Einbuchtungen gebildet. Dadurch ist hier ein besonderes Mikroklima entstanden, das eine artenreiche Tierwelt hervorgebracht hat. Entlang der Küste finden Möwen, Seeschwalben, Kormorane, Austernfischer, Flamingos und Tauben ihre Nistplätze; Seelöwen und See-Elefanten haben ihre Brutstätten an der Punta Norte und in der Caleta Valdés. Berühmt ist die Península auch wegen der Paarung der Wale, die sich alljährlich zwischen September und Februar vor den Küsten vollzieht. Zur Zeit sind vier Tierreservate etabliert: Die Vogelinsel, die Kolonie der See-Elefanten Punta Norte, die Reserva Faunística Caleta Valdés mit Pinguinen und Seelöwen und die Reserva Faunística Punta Delgada mit See-Elefanten und Seelöwen (siehe auch Seite 24).
In dem einzigen Ort auf der Halbinsel, Puerto Pirámides, unterhält der argentinische Automobilclub ACA ein Hotel, in dem man sich auch nach Ausflügen erkundigen kann. Ansonsten gibt es nur zwei einfache Pensionen, zwei Restaurants und einige wenige Läden sowie eine Hostería an der Punta Delgada. Wildes Zelten ist strikt verboten. *14/15, 22, 23, 39, 65*

PERITO MORENO (Provinz Santa Cruz) ⑯. Als Ausgangsort für einen Besuch der *Cueva de las Manos* ist Perito Moreno zu er-

Blick vom Hotel Llao Llao über den Nahuel-Huapí-See in der Provinz Río Negro.

wähnen, ein ansonsten unspektakuläres, typisches patagonisches Dörfchen, das an der östlichen Spitze des Buenos-Aires-Sees plaziert ist. Perito Moreno verdankt seinen Namen dem Naturforscher (Perito) Francisco Moreno und wurde 1927 gegründet. Für die weitverstreuten Estancias fungiert es als eine Art Zentrum.

Die Cueva de las Manos, die Höhle der Hände, liegt 90 Kilometer von Perito Moreno entfernt in einem farbenprächtigen, malerischen Cañon des Río Pinturas, der sich in ruhigen Linien durch das patagonische Schichtstufenland gegraben hat. Gruppen der Tehuelche-Indianer haben hier ihre eindrucksvollen Spuren in einer 25 Meter tiefen und 15 Meter breiten Höhle hinterlassen. Die ersten Handabdrücke werden in die Zeit zwischen 7370 bis 5430 v. Chr. datiert. Es sind Negativabdrücke, die vor allem bewegte Jagddarstellungen zeigen. Die zweite Phase (5430–1430 v. Chr.) zeigt hauptsächlich Hand-Positivabdrücke, jetzt kommt die Farbe Weiß zu den mineralisch und vegetal gewonnenen Braun- und Ockertönungen hinzu. In der dritten Phase (1430 v. Chr. – 1000 n. Chr.) wird Rot verwendet, zu sehen sind geometrische Motive und schematisierte Menschendarstellungen. Durch die günstigen klimatischen Bedingungen – das Klima ist hier staubtrocken – und die geschützte Lage konnten sich die Abbildungen so lange erhalten, doch die Blitzlichtfotografen und menschlicher Atem haben bereits Verfallsprozesse bewirkt. Diese Höhle läßt sich am besten zwischen November und März besuchen. In dem kleinen Ort gibt es mehrere Hotels.

Perito Moreno wird im argentinischen Sommer von LADE angeflogen, und zwar von Río Gallegos, Comodoro Rivadavia, Gobernador Gregores und Calafate. Mehrmals wöchentlich gibt es eine Busverbindung nach Coyhaique in Chile.

Dicht am Perito-Moreno-Gletscher ist die Luft vom Knarzen des berstenden Eises erfüllt.

PUERTO MADRYN (Provinz Chubut) ⑰. Seinen ungewöhnlichen Namen verdankt Puerto Madryn der historischen Tatsache, daß an seinen Küsten am 28. Juli 1865 das walisische Schiff »Mimosa« anlegte. Einer der Passagiere, der später der Stadtvater werden sollte, hieß Parry Madryn. Von hier breitete sich die walisische Kolonisierung des patagonischen Landes aus. Doch die Kolonisten verweilten nicht lange an diesem Ort, der zwar mit einem schönen natürlichen Hafen, nicht aber mit dem lebensnotwendigen Trinkwasser ausgestattet war, sie wanderten weiter südlich zu den Ufern des Río Chubut. Puerto Madryn blieb als Verschiffungshafen erhalten.

In dem heutigen Puerto Madryn sind alle Spuren der walisischen Vergangenheit getilgt. Es ist eine moderne, weder besonders attraktive noch besonders reiche Stadt. Da es hier gute Tauchmöglichkeiten gibt und die Strände einiges an Format aufzuweisen haben, zieht der 50 000-Einwohner-Ort in steigendem Ausmaß (argentinische) Urlauber an; die Infrastruktur ist dementsprechend. Trotz ansprechendem Hotelangebot kann es in der Hochsaison schwierig werden, ein Zimmer zu bekommen, die Touristeninformation ist da hilfreich.

Die Reisebüros am Ort vermitteln Tagesausflüge zur Halbinsel Valdés, zur Pinguinkolonie Punta Tombo und auch zur walisischen Kolonie Gaiman.

Oben und unten: Die Hafenstadt Puerto Madryn, 1865 von dem Waliser Parry Madryn gegründet.

Denkmal am Hafen von Puerto Madryn.

Das beste Hotel am Strand ist das Península Valdés, Av. Roca 155. Des weiteren gibt es das Hotel Playa, Roca/28 de Julio.
Restaurants: Cantina El Náutico, Roca/Lugones; El Timón, Costanera Norte 288.
Busse gibt es nach Buenos Aires, Comodoro Rivadavia, Puerto Pirámides, Trelew.

PUERTO SAN JULIÁN (Provinz Santa Cruz) ⑱. In Puerto San Julián betreten wir historisch bedeutsames Gelände. Hier nämlich ging Magallanes zum ersten Mal an amerikanisches Festland, um die erschöpften Besatzungen seiner fünf Schiffe auf der Suche nach einer West-Ost-Passage ausruhen zu lassen und um auf günstigeres Wetter zu warten. Was er sah, wird ihn nicht begeistert haben: eine weitgeschwungene, steinbesäte, graue Bucht mit flachem, unwirtlichen Land dahinter. Fünf Monate dauerte der Aufenthalt der Mannschaft, und hier begann sie dann auch zum ersten Mal deutlich aufzubegehren.
Heute siedeln 5000 Argentinier in diesem Ort, und seine Melancholie und Verlassenheit entbehrt nicht gewisser atmosphärischer Reize.
Die Hostería Municipal de Turismo, 25 de Mayo 917, ist komfortabel und bietet dem Besucher außerdem ein Restaurant.
Puerto San Julián wird von LADE mit anderen Orten im Süden Patagoniens verbunden, dazu zählen Comodoro Rivadavia, San Carlos de Bariloche und Esquel, weitere Verbindungen gibt es nach Bahía Blanca, La Plata, Mar del Plata und Viedma.

RÍO GALLEGOS (Provinz Santa Cruz) ⑲. Im äußersten Südosten des patagonischen Festlandes liegt die Hauptstadt der Provinz Santa Cruz (50 000 Einwohner). An die nüchterne Stadtanlage mit der Masse würfelförmiger Häuser hat sich die Schönheit nicht gerade verschwendet. Als besonders erwähnenswert in der Stadtgeschichte wird vermerkt, daß das nordamerikanische Gangstertrio Butch Cassidy, Sundance Kid und Etta Place im Jahr 1905 die englische

Bank überfallen haben. Prominenterer Besuch blieb Río Gallegos offensichtlich bislang versagt. Nachdem es 1885 gegründet worden war, um Argentiniens Stellung in Südpatagonien zu festigen, hat es sich zunächst als Handelszentrum für die umliegenden Schaffarmen entwickelt, und die waren vornehmlich in britischer Hand. Während des Malwinenkrieges diente der Ort als Armeestützpunkt. Die Erdgasvorkommen in der Nähe haben Río Gallegos eine neue Bestimmung beschert. Nicht immer ist es daher leicht, in den von Arbeitern dauerbelegten Hotels noch ein Quartier für die Nacht zu finden.

Für Touristen auf Rundreise durch Argentinien dient Río Gallegos als Stopp zwischen Feuerland und als Ausgangspunkt nach El Calafate, dem Eingangstor zum Parque Nacional Los Glaciares (siehe Seite 76); es gibt allerdings keine Direktflüge zwischen El Calafate und Ushuaia.

Dort kann man sich das *Museo Manuel Molina* (Perito Moreno/Roca) anschauen, in dem neben Mineralien der Gegend indianische Kunstgegenstände und ausgestopfte Tiere gezeigt werden (16–20 Uhr).

Hotels: Comercio, Roca 1302; Alonzo, Corrientes 33; Covadonga, Roca 1244. Das moderne Comercio ist das Beste unter der insgesamt recht bescheidenen Auswahl.

Aerolineas Argentinas und LADE unterhalten Verbindungen nach Bahia Blanca, Buenos Aires, El Calafate, Comodoro Rivadavia, Río Grande, Ushuaia, Río Turbio. Die Busverbindungen sind spärlicher: Nach El Calafate, Caleta Oliva und Puerto San Julián und nach Punta Arenas in Chile.

Oben: Das Bürgerzentrum in Bariloche. – Unten: Myrtenwald auf der Halbinsel Quetrihue.

SAN CARLOS DE BARILOCHE (Provinz Río Negro) ⑳. Es gibt drei Ferienziele in Argentinien, die von den Argentiniern selbst als absolutes Muß bewertet werden, und dazu zählt San Carlos de Bariloche (80 000 Einwohner). Innerhalb von 30 Jahren ist hier ein auch international bekanntes Ferienzentrum aus dem dschungelhaften Boden gestampft worden.

Argentiniens hierher angereiste Prominenz läßt sich gerne von der Regenbogenpresse beobachten; besonders im Winter zwischen Ende Mai und Anfang September macht Bariloche Furore. «Entdeckt» hat es Señor Carlos Wiederhold auf der Suche nach einer günstigen Handelsverbindung zwischen Chile und Argentinien. Nur auf dem Landweg ließ sich die projektierte Route vom dem bereits in den europäischen Handel verwickelten chilenischen Puerto Montt nach Argentinien nicht bewerkstelligen, und so wurde die Seenkette einbezogen. Heute ist diese Verbindung für Gäste der Stadt leicht nachvollziehbar: Einer der beliebtesten Ausflüge von Bariloche ist die Sieben-Seen-Tour nach Chile.

Bariloches touristische Infrastruktur bestimmt das Städtebild. Weil die Gegend gerne als argentinische Schweiz bezeichnet wird, versucht man auch architektonisch, eine Ähnlichkeit herzustellen. Abseits der Hauptstraßen, der Vorzeigegegenden, fällt diese Phantasie rasch in sich zusammen.

Ein sehenswertes Museum ist im *Centro Cívico*, dem Bürgerzentrum (Mitre/Independencia) untergebracht. Das *Museo de la Patagonia* stellt in einer etwas kurios anmutenden Mischung sowohl indianische Waffen, Schmuck und Keramik als auch Mineralien und ausgestopfte Tiere aus der Umgebung aus.

Ganz in der Nähe von San Carlos de Bariloche erstreckt sich der am frühesten gegründete Nationalpark Argentiniens, der Nahuel Huapí (Bariloche liegt am gleichnamigen Gletschersee). Die «Insel des Tigers», was Nahuel Huapí in der Sprache der Mapuche bedeutet, umfaßt 428 100 Hektar und schwankt zwischen Erhebungen von 770 Metern (Bariloche) bis 3554 Metern (Cerro Tronador). Der Tronador gehört zur Riege

der Andengipfel, davor breitet sich die vorandine Region mit dem «Hausberg» Bariloches, dem Cerro Otto, dem Utne, Ventana und Carbón aus. Die Gegend wird durch eine Vielzahl von malerischen Gletscherseen und Flüssen gegliedert, die das Landschaftsbild charakteristisch formen. Die klimatischen Bedingungen – hohe Luftfeuchtigkeit, Schneefälle sogar im Sommer, doch insgesamt mildes Klima mit sommerlichen Höchsttemperaturen von 30 Grad – lassen eine überschwengliche Vegetation gedeihen. Dichte Wälder bestehen aus Lengas, Zypressen, Myrten und Lärchenarten. Auf der Seeinsel Victoria findet man reine Arrayanenwälder mit den leuchtend zimtfarbenen Stämmen; Platanen, weißer Klee, Mosquetrose, Fuchsie und eine Vielzahl von Orchideenarten vervollständigen das Spektrum der Flora. Erstaunlich für ungeübte Augen: die Parasiten- und Semiparasitenpflanzen, die wie gespinstfeine Schleier von den Bäumen herabfallen.
Die Ausflugs- und Erkundungsmöglichkeiten sind ausgesprochen vielfältig. Reisebüros in Bariloche bieten aus verschiedenen Elementen zusammengesetzte, ein- bis mehrtägige Touren an; in der Touristeninformation liegen Adressen von Bergführern, Skilehrern und Angelbegleitern aus. Da der Nationalpark mit öffentlichen Verkehrsmitteln nicht besonders gut erschlossen ist, empfiehlt es sich, diese Angebote zu nutzen.
Das Angebot an Hotels ist überreichlich und breit abgestuft, vom First Hotel bis zum einfachen Zimmer bei einer Familie, doch in der Hauptsaison kann es trotzdem schwierig werden, ohne Voranmeldung ein Zimmer seiner Wahl zu bekommen. In der Nebensaison schließen einige Häuser. Da hilft die Touristeninformation im Centro Cívico weiter. Entsprechend groß ist die Auswahl an Restaurants. Zur Abwechslung von der Steak-Diät gibt es Forellen (*truchas*) und Wildschweinbraten (*jabali*), manchmal sogar Schweizer Käsefondue.
Es gibt Flüge von Buenos Aires, Neuquén und Rosario, Busverbindungen bestehen nach El Bolsón, Esquel, Ingeniero Jacobacci, Neuquén, Osorno (Chile), Puerto Montt (Chile). Züge verkehren über Ingeniero Jacobacci nach Buenos Aires.

TRELEW (Provinz Chubut) ㉑. An den Ufern des Río Chubut liegt das «Dorf von Lew», der im Jahr 1886 zusammen mit 400 walisischen Emigranten argentinischen Boden betrat, um eine Eisenbahn zu konstruieren; das Material dafür hatten sie bereits mit an Bord. Trelew ist heute das wirtschaftliche und soziale Zentrum der Provinz Chubut und hat einen hübschen betriebsamen Charakter. Seine Bedeutung spiegelt sich in einigen «historischen» Gebäuden, die unüblich sind für die Gegend. Das *Museo Municipal*, 9 de Julio/Fontana, ist in einem stillgelegten Bahnhof untergebracht.
Hotels: Rayentray, Belgrano/San Martín; Libertador, Rivadavia 31.
Restaurants: Eulogia Fuentes, Don Bosco 23; El Quijote, 25 de Mayo 86.

Der durch den Florentino-Ameghino-Staudamm entstandene See im Chubut-Tal, umgeben von dichten Bäumen und steilen Felsen.

Es werden Flüge nach Buenos Aires, Bahia Blanca, Comodoro Rivadavia, Río Gallegos und Mar del Plata angeboten. Busse gibt es nach Buenos Aires, Dolavon, Gaiman, Esquel, Mar del Plata, Neuquén, Puerto Madryn, Puerto Pirámides, Río Gallegos.

TREVELÍN (Provinz Chubut) ㉒. Das walisische «Dorf der Mühle» in einem fruchtbaren Tal am Fuße der Anden war das Ergebnis der Suche nach neuen Siedlungsgründen quer durch Patagonien (siehe auch Seite 41). Es ist die einzige Ortschaft, die sich auf dem Gelände der *Colonia 16 de Octubre* etabliert hat. Trevelín liegt 16 Kilometer von Esquel entfernt und ist auf einem Tagesausflug bequem zu besehen; als Standort für Ausflüge in den Nationalpark Los Alerces (siehe Seite 75) empfiehlt sich wegen der vorhandenen touristischen Leistungen der größere Ort Esquel.

See-Elefanten in der Caleta Valdés.

Blick vom Hotel Llao Llao über den Lago Nahuel Huapí mit seinen schilfdurchsetzten Ufern.

Der Gletschersee Lago Nahuel Huapí im abendlichen Dämmerlicht vor den schneebedeckten Andengipfeln.

Vor Austrocknung aufgeplatzter Boden in einem weiten Tal der Hochebene bei Colonia Sarmiento.

Hubert Stadler, geboren 1954. Seit 1989 regelmäßige Veröffentlichungen in Reisezeitschriften und Reiseführern. Bildautor von Begegnung mit dem Horizont «Feuerland · Kap Hoorn» im Verlag C. J. Bucher. Lebt in Fürstenfeldbruck bei München.

Susanne Asal, geboren 1952. Mehrjährige Arbeit als Redakteurin bei einer Tageszeitung, seit 1986 freiberuflich schreibend. Aufenthalte in México und Argentinien. Buchveröffentlichungen u. a. über Argentinien, Chile und Venezuela. Lebt in Frankfurt am Main.

TEXTNACHWEIS

Bruce Chatwin: In Patagonien. Aus dem Englischen von Anna Kamp.
© 1981 by Rowohlt Verlag GmbH, Reinbek bei Hamburg.
Bruce Chatwin/Paul Theroux: Wiedersehen mit Patagonien.
Aus dem Englischen von Anna Kamp. München: Carl Hanser Verlag 1992.
Charles Darwin: Reise um die Welt. 1831–36. Hg. von Gernot Giertz.
© by Weitbrecht Verlag in K. Thienemanns Verlag, Stuttgart/Wien.
Sir Francis Drake: Pirat im Dienst Ihrer Majestät. Seine Reise um die Welt.
Stuttgart: K. Thienemanns Verlag 1977.
Ulrich Encke: 8mal Argentinien. © R. Piper GmbH & Co. KG, München 1991.
Herman Melville: Moby Dick. Aus dem Amerikanischen von Alice und Hans Seiffert.
Frankfurt am Main: Insel Verlag 1992.
Antonino Pigafetta: Die erste Reise um die Erde. Stuttgart: K. Thienemanns Verlag 1977.

BILDNACHWEIS

Giulio Andreini, Siena: S. 66 o., 68 M., 71 u., 72 M. und u.l. und u.r., 73 (2), 78 o. und u.r., 80.
Archiv für Kunst und Geschichte, Berlin: S. 18/19 (4); Susanne Asal, Frankfurt am Main: S. 36 (2).
Kleinerts Archiv, München: S. 66 u., 73 o.; © Robert Mapplethorpe: S. 46.
Museo Histórico Regional de Gaiman: S. 41 (3).
Sylvia Scholpp-Stadler, Fürstenfeldbruck: S. 62 u.
Alle übrigen Abbildungen stammen von Hubert Stadler, Fürstenfeldbruck.
Die Karte auf Seite 61 zeichnete Astrid Fischer-Leitl, München.

Wir danken allen Rechteinhabern und Verlagen für die Erlaubnis zu Nachdruck und Abbildung. Trotz intensiver Bemühungen war es aber nicht möglich, alle Rechteinhaber zu ermitteln. Wir bitten diese, sich an den Verlag zu wenden.

BEGEGNUNG MIT DEM HORIZONT · PATAGONIEN

Konzeption: Axel Schenck
Lektorat: Rebekka Göpfert, Susanne Kronester
Bildgestaltung: Joachim Hellmuth
Graphische Gestaltung: Barbara Markwitz
Herstellung: Angelika Kerscher

Technische Produktion: Fotosatz Ressemann, Hochstadt; Repro Ludwig, A-Zell am See;
Bentrup Druck, Bielefeld

Printed and bound in Germany
ISBN 3 7658 0838 5

Panorama-Spezial – Die Exquisit-Klasse bei Bucher

Gigantische Gletscherwelt im Norden, die Rocky Mountains im Westen, die Ausläufer der Appalachen im Osten, die endlosen Ebenen der Getreidefelder und Weiden in den Prärieprovinzen, die riesigen Seengebiete im Südosten: Kanada, Traumland im hohen Norden von Amerika.
180 S., durchgehend farbig, mit hist. Bilddokumentation, mehreren Karten, geb., mit farb. Schutzumschlag.

Der Norden – nur ein Synonym für Nordkap, Mitternachtssonne und Nordlicht? Oder für skandinavisches Design, Stabkirchen und tiefsinnig-melancholische Dichtung? Was verbindet die Länder des Nordens? Was trennt sie? Die großartigen Panorama-Aufnahmen und die kenntnisreichen Texte beantworten alle Fragen.
180 S., durchgehend farbig, mit hist. Bilddokumentation, 7 Karten, geb., mit farb. Schutzumschlag.

Rußland ist zur Entdeckung freigegeben: ein Land unvorstellbarer Weite, geschichtsträchtige Städte mit prachtvollen Kirchen und Klöstern, das westlich-elegante Sankt Petersburg und «Mutter Moskau», die würdige Hauptstadt. Ein Land im Umbruch, eine Kultur zwischen Traditionsverbundenheit und Weltraumbegeisterung.
180 S., durchgehend farbig, mit hist. Bilddokumentation, Karten, geb., mit farb. Schutzumschlag.

Neuseeland, Archipel aus zwei großen und mehreren ersprengten kleinen Inseln, erscheint in seiner einzigartigen Vielfalt der Landschaftsformen wie ein Modell der Welt: Endlose Küstenstriche, schneebedeckte Gipfel und Gletscher, Bergseen, Fjorde mit steil abfallenden Felsufern, Geysire und vulkanische Kraterlandschaften, Wüstenstriche und subtropische Regenwälder.
188 S., durchgehend farbig, mit hist. Bilddokumentation, 7 Karten, geb., mit farb. Schutzumschlag.

Seine Geschichte, geformt von christlicher und maurischer Kultur, hat Spanien immer entfernt vom übrigen Europa, hat den dort lebenden Menschen eine andere Sicht der Dinge gegeben. Daher ist das «Land hinter den Pyrenäen» heute immer noch für uns zu entdecken – jenseits der Klischees von Flamenco, von Stierkampf und dem sprichwörtlichen spanischen Temperament.
180 S., durchgehend farbig, mit hist. Bilddokumentation, Karten, geb., mit farb. Schutzumschlag.

Das überwältigende Gefühl, in eine Welt versetzt zu sein, die mit menschlichen Maßstäben nicht zu messen ist, überkommt jeden, der die Canyonlandschaft im Südwesten der USA erlebt. Die einzigartigen brillanten Panoramaphotographien kommen der natürlichen Wahrnehmung der großartigen Canyonlandschaft am nächsten.
180 S., durchgehend farbig, mit hist. Bilddokumentation, Karten, geb., mit farb. Schutzumschlag.

BUCHER – MASSTAB FÜR BILDBANDQUALITÄT